HELMA SICK | Clever anlegen

W0194413

Fragen an Helma Sick und die FinanzFachFrauen

Warum liegen Ihnen die Finanzen von jungen Frauen besonders am Herzen?
Weil sich fast 90 % aller jungen Frauen finanzielle Unabhängigkeit wünschen. Die gibt es aber nur durch bezahlte Arbeit mit möglichst nicht zu langen Unterbrechungen. Und auch nur dann, wenn schon in jungen Jahren begonnen wird, Geld gezielt und systematisch anzulegen.

Aber planen und sparen ist doch spießig, oder?
Ganz und gar nicht! Früh anzufangen bringt einen satten Vorteil: Eine eigene Immobilie oder die Selbstständigkeit müssen kein Traum bleiben. Und über lange Zeiträume vermehrt sich Ihr Geld durch Zins und Zinseszins ganz von alleine.

Was ist, wenn ich heirate und ein Kind bekomme?
Bleiben Sie auch in einer Partnerschaft finanziell unabhängig. Verliebt, verlobt, versorgt, gilt nicht mehr! Das ist unromantisch, sagen Sie? Wir meinen: Lieber jetzt unromantisch als später arm!

Helma Sick studierte Betriebswirtschaft und ist Inhaberin des von ihr gegründeten Unternehmens »frau & geld Helma Sick«, das seit 1987 unabhängige Finanzberatung für Frauen anbietet. Sie ist Autorin mehrerer Finanzratgeber und schreibt seit vielen Jahren regelmäßig Finanzkolumnen in *BRIGITTE* und *BRIGTTE WOMAN*.

Die »FinanzFachFrauen ... bundesweit seit 1988«, bei denen Helma Sick von Anfang an Mitglied ist, sind ein Zusammenschluss von unabhängigen Finanz- und Versicherungsexpertinnen. Die FinanzFachFrauen waren die Ersten, die in Deutschland ein Beratungskonzept entwickelten, das speziell auf Frauen zugeschnitten ist. Sie veranstalten Tagungen und Kongresse, halten Vorträge, schreiben Artikel und sind Autorinnen erfolgreicher Bücher.

Helma Sick
und die FinanzFachFrauen

Clever anlegen

Der Finanzratgeber für junge Frauen

Brigitte Buch
im

Diana Verlag

Verlagsgruppe Random House FSC-DEU-0100
Das für dieses Buch verwendete
FSC®-zertifizierte Papier *München Super*
liefert Arctic Paper Mochenwangen GmbH.

BRIGITTE-Buch im Diana Verlag
Originalausgabe 04/2012
Copyright © 2012 by Diana Verlag, München,
in der Verlagsgruppe Random House GmbH
Redaktion | Theresa Stöhr
Umschlaggestaltung | Almut Moritz
Illustrationen (Umschlag und Innenteil) | © Birgit Potzkai
Satz | Leingärtner, Nabburg
Druck und Bindung | GGP Media GmbH, Pößneck
Printed in Germany 2012

ISBN 978-3-453-35644-3

www.diana-verlag.de

Inhalt

Was schätzen Sie?

1. Sie möchten in zehn Jahren über 50 000 Euro Eigenkpital für einen Immobilienkauf verfügen. Wie viel müssten Sie dann ab sofort monatlich zurücklegen (bei 4 % Rendite)?

   ☐ ca. 500 Euro   ☐ ca. 340 Euro   ☐ ca. 250 Euro

2. Angenommen, Sie haben einen Dispokredit über 3000 Euro, der 12 % Zins im Jahr kostet. Sie zahlen monatlich 30 Euro zurück. Wann ist der Kredit getilgt?

   ☐ in 10 Jahren   ☐ in 30 Jahren   ☐ nie

3. Wenn eine gut verdienende 27-Jährige monatlich 300 Euro in eine britische Rentenversicherung auf Aktienbasis einzahlt – auf welche lebenslange Rente kommt sie dann bis 67 bei einer durchschnittlichen Jahresrendite von 6 %?

   ☐ ca. 900 Euro   ☐ ca. 1 300 Euro   ☐ ca. 2 200 Euro

4. Ältere Leute geraten in Finanzkrisen leicht in Panik und kaufen dann Gold. Was glauben Sie, wie viele junge Leute gern Gold kaufen würden?

   ☐ niemand   ☐ 20 %   ☐ über 40 %

5. Eine Bürokauffrau bekommt nach 45 Jahren Vollzeitarbeit mit 67 eine Rente von ca. 1100 Euro. Wie viel bekäme sie, wenn sie stattdessen nur 20 Jahre Teilzeit (halbe Stelle) gearbeitet hätte?

   ☐ 237 Euro   ☐ 550 Euro   ☐ 768 Euro

6. Wenn eine 20-Jährige mit 67 eine Million auf ihrem Konto haben möchte, wie viel müsste sie dann monatlich sparen (in einen internationalen Aktienfonds, der durchschnittlich 12 % jährlich bringt, ohne Steuerabzug gerechnet)?

   ☐ 50 Euro   ☐ 500 Euro   ☐ 1 000 Euro

Die Antworten finden Sie am Ende dieses Buches.

Aber natürlich geht es hier um noch viel mehr!

Ganz gleich, ob Sie

- ☐ schon Geld haben oder erst anfangen, Vermögen zu bilden
- ☐ sich gegen existenzbedrohende Risiken absichern möchten
- ☐ eine Erbschaft oder Schenkung sinnvoll anlegen wollen
- ☐ den Kauf einer Immobilie planen
- ☐ sich selbstständig machen möchten oder
- ☐ eine ausreichende Altersversorgung aufbauen wollen.

Wir informieren Sie in diesem Buch verständlich und aus jahrzehntelanger Praxis über die passenden Geldanlagen und Versicherungen für Ihre aktuelle Lebenssituation. Und natürlich auch darüber, welche Geldanlagen und Versicherungen Sie JETZT NICHT brauchen.

Zum cleveren Anlegen gehört auch, Bescheid zu wissen. Darüber zum Beispiel, wann der Staat Sie belohnt beim Sparen, was Risiko bedeutet, welche Stolpersteine auf dem Weg zum Wohlstand liegen können und wie Sie diese erkennen. Und, das liegt uns besonders am Herzen, wie Sie den typischen Frauen-Fallen entgehen, die Ihre finanzielle Unabhängigkeit gefährden können.

Wir wünschen Ihnen viel Freude beim Lesen!
Die Autorinnen:
Helma Sick und
Renate Fritz, Bianca Kindler,
Barbara Rojahn, Regina Weihrauch

für die »FinanzFachFrauen – bundesweit seit 1988«

Kapitel 1

Ich hab mein eigenes Geld!
Finanzielle Unabhängigkeit –
Wunsch und Wirklichkeit

Der Wunsch

Ergebnisse einer aufsehenerregenden Studie: Fast 90 % der jungen Frauen möchten finanziell unabhängig sein, und zwar vom Partner und vom Staat. Gefragt ist eine gleichwertige Partnerschaft, das Modell des Mannes als Ernährer hat für sie ausgedient. Sie möchten ihr eigenes Geld verdienen. Vereinbarkeit von Beruf und Familie sind ihnen wichtig.

Das gab's noch nie. Und die jungen Frauen haben alle Aussichten, dies auch zu verwirklichen. Sie sind so gut ausgebildet wie nie zuvor, und sie sind sich ihrer Qualifikation bewusst. Das finden wir großartig! Und Sie sicher auch!

2009 hat die Zeitschrift *BRIGITTE* in Zusammenarbeit mit dem Wissenschaftszentrum Berlin für Sozialforschung (WZB) und dem infas Institut für angewandte Sozialwissenschaft die Studie »Frauen auf dem Sprung« fortgesetzt. 2007 wurden für diese repräsentative Untersuchung insgesamt 1020 junge Frauen persönlich interviewt. 2009 erfolgte ein Update.

Aber:
Finanzielle Unabhängigkeit kann es natürlich nur geben, wenn Frauen einen Beruf ausüben, mit möglichst nicht zu langen Unterbrechungen – darauf kommen wir noch ausführlich zu sprechen. Und wenn außerdem schon in jungen Jahren begonnen wird, Geld anzulegen, und zwar gezielt und systematisch.

Die Wirklichkeit

Ebenfalls 2009 erschien eine nicht weniger interessante Studie. Und diese ergab, dass junge Menschen zwar wissen, dass sie sparen müssen, z. B. für ihre Altersversorgung, weil sonst irgendwann ein größeres Problem auf sie zukommt.
Sie tun es aber nicht!

Auf der einen Seite gibt es also den Wunsch nach finanzieller Unabhängigkeit. Auf der anderen Seite wird bei der konkreten Umsetzung der Kopf in den Sand gesteckt.

MetallRente-Studie »Jugend, Vorsorge, Finanzen – Herausforderung oder Überforderung?«, wissenschaftlicher Leiter Prof. Dr. Klaus Hurrelmann.

Wie ist denn das zu verstehen?

Finanzthemen sind sooo kompliziert; es gibt zu viele Produkte; Wirtschaftsnachrichten sind nicht verständlich usw.

Das geben junge Leute in der oben erwähnten Studie und in vielen Umfragen unter anderem als Gründe an, warum sie sich nicht mit der Thematik beschäftigen (wollen).
Und das verstehen wir sehr gut. Was soll zum Beispiel jemand mit der folgenden Beschreibung eines Aktienfonds anfangen?

»… Aufbauend auf einem mehrstufigen quantitativen Prozess werden die besten 100–140 Aktien aus dem globalen Titeluniversum (ca. 8 000 Aktien) selektiert und im Anschluss an eine umfangreiche Risikoanalyse in das Portfolio aufgenommen. Durch Kombination von mehreren fundamental-quantitativen Aktienselektionsstrategien wird mittelfristig eine Verstetigung der Outperformance angestrebt«.

»Brrrr!«, können wir da nur sagen und »Hände weg«. Und da lernen Sie gleich die erste Regel beim Geldanlegen kennen:
Kaufen Sie nichts, was Sie nicht verstehen!

Also ist verständliche Information dringend nötig!

Wo aber informieren sich junge Leute?

Auch da zeigt die Hurrelmann-Studie Interessantes.
Nämlich als Erstes bei den Eltern (75 %), dann im Internet (74 %) und bei Freunden (60 %). Nur 32 % möchten einen Finanzberater/Finanzberaterin konsultieren.

Das ist aus folgenden Gründen fatal:

Eltern

Sie sind als Informationsquelle nicht unbedingt geeignet. Die heute 50- bis 60-Jährigen orientierten sich beispielsweise bei der Altersversorgung am Leitmotiv der 80er-Jahre »Die Rente ist sicher«. Das war der Lieblingssatz des damaligen Arbeitsministers Norbert Blüm, und auf ihn hat sich mindestens eine Generation verlassen. Das heißt, diese Elterngeneration hat oft nicht oder erst zu spät vorgesorgt – und häufig mit den falschen Mitteln. Damals kannte man eben nur das Sparbuch oder Sparbriefe, Bausparverträge, Lebensversicherungen und Immobilien. Die Wohlhabenderen investierten darüber hinaus noch in Aktien.

Und heute?

Der Markt für Finanzprodukte ist unübersichtlich geworden. Ständig kommen neue Produkte, wie z. B. Zertifikate und Indexfonds, auf den Markt, für die mit großem Aufwand geworben wird. Ca. 9 000 Fonds werden in Deutschland angeboten, Rentenversicherungen gibt es in vielen Variationen. Das Angebot ist für Laien, also auch für die meisten Eltern, kaum noch zu durchschauen.

Internet

Ohne Internet geht heute gar nichts mehr. Junge Leute können sich meist nicht vorstellen, dass die Menschheit einmal ohne dieses Medium ausgekommen ist. Und es ist ja auch toll: Die unterschiedlichsten Themen werden durch die Vielfalt der Informationen transparent, und vor allem sind sie für alle zugänglich. Das Internet ist deshalb bei Finanzthemen großartig für die Erstinformation, für die grobe Orientierung.

Aber: Allgemeine Themen werden im Internet in der Regel auch allgemein dargestellt. Und da stellt sich die Frage: Können die Userinnen auch bewerten, was da steht? Oder einschätzen, ob die Information auch auf sie selbst in ihrer speziellen Lebenssituation zutrifft? Wir denken nicht.

Und das bestätigen uns auch die verschiedenen Internetforen. Da wird gefragt und gechattet, was das Zeug hält. Aber wissen Sie, wer Ihnen da antwortet, wer dahintersteckt? Wie kompetent sie oder er ist? Wir finden, das geht bei so einer wichtigen Angelegenheit wie der Anlage von Geld und möglicherweise Ihrer Altersversorgung wirklich nicht.

Zwei Beispiele:

Habt ihr mal einen Tipp für mich? Ich hab 5000 Euro. Soll ich einen Sparplan machen? Oder in Rohstoffen anlegen? Oder ganz konservativ? Was meint ihr?

Wenn wir so etwas lesen, dann stehen uns die Haare zu Berge. Denn so kann das doch nichts werden. Weder ist bekannt, wie alt die Userin ist, noch was sie eventuell schon an Geldanlagen hat, noch welches Ziel sie damit erreichen will. Aber ohne diese grundlegenden Auskünfte kann es keine Antwort auf so eine Frage geben. Denn eine Geldanlage muss doch zur Person, ihren Zielen und zur Lebenssituation passen. Und das hat nichts mit der Größe der Summe zu tun!

Oder:

Ich hab eine Frage zur Riester-Rente. Was ist bitte ein Zulagen-Antrag? Und muss man den mit der Lohnsteuererklärung einreichen?

Hm, da geht so einiges durcheinander, denn der Zulagenantrag hat mit der Lohnsteuererklärung gar nichts zu tun. Nichtwissen ist keine Schande. Und die Riester-Rente und mit ihr viele andere Geldanlagen sind wirklich kompliziert. Deshalb ist es ja auch so wichtig, dass Sie sich **professionell** beraten lassen, wenn Sie sich nicht auskennen.

Freunde und Bekannte

Anja B. (25) hat von ihren Großeltern 10 000 Euro geschenkt bekommen. Die will sie nun anlegen. Und jetzt geht's los: Der Vater mischt sich ein. Brüder glauben ohnehin, genau zu wissen, was gut für die Schwester ist. Der Nachbar, der Onkel, der Zahnarzt oder der Frisör – alle schwingen sich zum Ratgeber auf: Ein Bausparvertrag ist doch blöd; bei China-Aktienfonds geht die Post ab; und da gibt's Windpark-Genussscheine, die bringen 8 %, das ist doch die Zukunft!!! Es ist wirklich unglaublich, wer alles meint, mit seinen laienhaften Kenntnissen Ratschläge erteilen zu können. Und sehr interessant ist für uns, dass es überwiegend Männer sind, die das tun. Obwohl ja bekannt ist, dass sich Männer nicht unbedingt besser auskennen mit Geld. Sie interessieren sich nur mehr dafür als Frauen und haben mehr Spaß daran.

Bei Frauen fällt uns auf

Statt sich angespornt zu fühlen, sich selbst kundig zu machen oder sich professionell beraten zu lassen, fallen Frauen oft in den Zustand kleinkindhafter Bewunderung. Toll macht er das, der Robert, der Peter oder wie er auch heißen mag. Er liest ja auch immer »Börse Extra«, und in seiner Freizeit macht er Börsenspiele am Computer. Klar, das macht ihn zum Experten! Selbstüberschätzung in Gelddingen ist bei Männern eher zu Hause als bei Frauen.

Nach unserer Erfahrung haben Ratschläge aus dem Bekannten- und Verwandtenkreis schon viele Anleger viel Geld gekostet. Wir meinen: Wer mit einem Viertel- oder Halbwissen andere in bestimmte Geldanlagen drängt, handelt verantwortungslos. Denn solche Tipps haben doch oft weitreichende Folgen: Häufig leben die Tippgeber in völlig anderen Verhältnissen als diejenigen, denen sie ihren Rat aufdrängen. Was also für Ihren Kollegen richtig ist, muss nicht unbedingt zu Ihnen passen.

Und denken Sie daran: Die meisten Menschen reden lieber über ihre Erfolge als über ihre Misserfolge!

☞ **Unsere Meinung:**

Belasten Sie also Ihre freundschaftlichen oder verwandtschaftlichen Beziehungen nicht mit Gesprächen über Geld. Was ist, wenn etwas schiefgeht? Wie sieht dann das Verhältnis zum Kollegen, zum Nachbarn und zum Bruder aus? Machen Sie sich lieber kundig, treffen Sie Ihre Entscheidungen und stehen Sie dazu.

Kapitel 2

Ich kann nicht sparen, ich habe kein Geld

Mit Haushaltsbuch oder Exceltabelle: Auf der Suche nach dem verschwundenen Geld

Ich weiß, ich weiß, ich müsste sparen. Aber mir bleibt nie Geld übrig, obwohl ich ganz gut verdiene. Für Anschaffungen muss ich meist sogar den Dispokredit in Anspruch nehmen, obwohl der ja ganz schön teuer ist. Bis der abbezahlt ist, kommt schon wieder die nächste größere Ausgabe.

Das sagt Franziska D. (29) und mit ihr viele andere Frauen. Am Gehalt liegt's oft nicht, denn – das ist unsere Erfahrung – gerade recht gut verdienende Frauen schaffen es oft nicht, Rücklagen zu bilden, von einem langfristigen Vermögensaufbau ganz zu schweigen.

Mehr einnehmen als ausgeben!

»Reich wird man nicht durch das, was man verdient, sondern durch das, was man nicht ausgibt«, lautet ein altes Sprichwort.

Wenn Sie regelmäßig mehr ausgeben, als Sie einnehmen,

dann müssen Sie ernsthaft nach den Ursachen suchen. Sonst kommen Sie nie auf einen grünen Zweig.

Helfen kann Ihnen dabei eine private Buchführung, ein Haushaltsplan, den Sie über einen bestimmten Zeitraum, zum Beispiel über mehrere Monate, führen. Sie müssen dabei ja nicht jeden Cent aufführen, sonst verlieren Sie womöglich die Lust dazu.

Für Ihre private Buchführung gibt es mehrere Möglichkeiten

Haushaltsbuch I, schwarz auf weiß

Das ist die klassische Variante, seit Generationen bewährt. Sie brauchen dazu nur ein kleines liniertes oder kariertes Heft, einen Bleistift oder Kugelschreiber. Und schon kann's losgehen.

Haushaltsbücher gibt's im Schreibwarenladen. Auch im Ratgeber »Haushaltsbuch« der Verbraucherzentralen finden Sie Vorlagen, die Sie verwenden können.

Vorteil: einfachste Handhabung.

Nachteil: Sie müssen die Zahlen selbst addieren, das nervt und kostet Zeit.

Wichtig: Legen Sie verschiedene Spalten an für Freizeit, Kleidung, Essen etc. Dann haben Sie von Anfang an einen schnellen Überblick.

Haushaltsbuch II, auf dem PC

Die bekannteste Variante ist eine Exceltabelle. Sie ist übersichtlich und einfach zu handhaben. Solche Tabellen für Ihre Einnahmen und Ausgaben gibt es im Internet kostenlos zum Herunterladen.

Wenn Sie sich selbst eine Excelliste machen wollen, könnte diese in etwa so aussehen:

Einnahmen/ Bestand	Ausgaben			
Saldo November	Datum des Belegs	wofür?	Ausgabe	Rubrik
+ 312,28 €				
+ 1 500,00 € Gehalt	01. 12. 2011	Miete	625,50 €	Wohnen fix
+ 1 186,78 €	02. 12. 2011	Lebkuchen	12,90 €	Lebensmittel
+ 1 173,88 €	02. 12. 2011	Parfüm	39,95 €	Geschenk
+ 1 133,93 €	…	…	…	…
…	…	…	…	…
…	…	…	…	…
Monatsende: + 122,43 €				

Unter dem Stichwort »Einfaches Haushaltsbuch« finden Sie mehrere Varianten kostenlos im Internet.
Die Sparkassen bieten unter www.geldundhaushalt.de ein Haushaltsbuch, das sich ebenfalls kostenlos online führen lässt.

Und spezielle Software gibt's natürlich auch. So können manche Programme die Kontoauszüge direkt aus dem On-line-Banking übernehmen usw. ZDF/WISO z. B. bietet eine eigene Software mit guter Anleitung. Egal, welche Software es ist, sie kostet einiges. Ob das alles nötig ist und Spaß macht, müssen Sie entscheiden. Wir finden, dass die Ange-bote zu teuer sind. Und das, liebe Leserin, passt nicht zu Ihrer Zielsetzung, denn Sie wollen ja sparen!

Auch auf dem Handy können Sie natürlich Ihre Einnahmen und Ausgaben auflisten und sogar »auf frischer Tat« beim direkten Einkauf im Supermarkt oder in einer Boutique eingeben.

Ganz gleich, wie Sie Ihr Haushaltsbuch führen, am Ende des Monats zeigt sich immer schwarz auf weiß, wohin Ihr hart verdientes Geld verschwunden ist. Die PC-Lösung hat den Vorteil, dass Sie nach jedem Eintrag sofort sehen, wie sich der Saldo verändert hat, also ob Sie noch im Plus sind oder ob Sie, oh Schreck, schon wieder mehr ausgegeben haben, als Geld auf dem Konto war.

Ihre Einnahmen

Wenn Sie Berufsstarterin oder Studentin sind, wird sich diese Rubrik vermutlich relativ übersichtlich gestalten. Wichtig ist aber hier nicht die Anzahl der Positionen, sondern deren Höhe.

Laufendes monatl. Einkommen netto	...
Nebenverdienste	...
Zuschüsse der Eltern	...
Sonstiges	...
Summe der Einnahmen	...

Ihre Ausgaben

Fixe Kosten, z. B.	…
Miete	…
Strom/Heizung	…
Telefon	…
Versicherungen	…
Auto/öff. Verkehrsmittel	…
Summe der fixen Kosten	…
Variable Kosten, z. B.	…
Restaurantbesuche	…
Fastfood für unterwegs	…
Lebensmittel	…
Kleidung	…
Kosmetik/Fitness	…
Freizeit/Kultur	…
Urlaub	…
Summe der variablen Kosten	…
Ausgaben insgesamt	…
Differenz aus Einnahmen-Ausgaben	…

Wieso ist alles, was Spaß macht, so teuer?
Spätestens bei der Rubrik »Ausgaben« wird klar, warum niemand wirklich gern ein Haushaltsbuch führt oder eine entsprechende Datei. Denn die Ausgabenseite entlarvt unseren Lebensstil.

Fixe Kosten

Die Auflistung der Ausgaben zeigt uns, wie viel Geld gezwungenermaßen für Wohnen, Strom, Heizung, Fahrtkosten etc. draufgeht. Allein die Miete dürfte ja schon ein mittleres Loch in die Kapitaldecke reißen.

Aber leider lässt sich an den Fixkosten meist nichts ändern. Trotzdem lohnt es sich, auch hier genauer hinzuschauen: Lassen sich die Telefonkosten reduzieren? Muss es die teure Dauerfahrkarte für alle Stadtgebiete sein, oder können Sie bestimmte Wege auch mit dem Rad fahren? Brauchen Sie wirklich ein eigenes Auto?

Wie wär's mit Carsharing?

Wenn Sie weniger als 10 000 km im Jahr fahren, dann ist Carsharing deutlich günstiger als ein eigenes Auto.

Wie funktioniert's?

Wie der Name schon sagt (car = Auto, share = teilen), geht es beim Carsharing darum, Fahrzeuge gemeinschaftlich zu nutzen. Die Handhabung ist bei einigen Anbietern ganz einfach: Die Reservierung erfolgt im Internet. Da erfährt man auch, wo das nächste Auto steht. Ein Mikrochip auf dem Führerschein öffnet die Tür, ein Zahlencode im Infotainment schaltet die Zündung frei. Brauchen Sie das Fahrzeug nicht mehr, stellen Sie es auf einem entsprechenden Parkplatz ab.

Und so können Sie profitieren!

Eine Menge Geld ist damit zu sparen, 1 700 Euro im Jahr sollen es sein. Ganz klar, Sie sparen ja nicht nur die Anschaffungskosten, sondern auch Kfz-Steuer und Versicherungsprämien. Auch um die technische Wartung des Fahrzeugs, um Umweltplakette oder TÜV müssen Sie sich nicht kümmern. Und der Wertverlust des Autos kann Ihnen egal sein.

Variable Kosten

Die Auflistung der Ausgaben führt uns aber auch vor Augen, wo wir Geld verschwenden. Die sogenannten variablen Kosten, das sind die, die nicht unbedingt sein müssen, sie sind die wahre Sickergrube für Ihr Geld. Hier zeigt sich sehr schnell, OB, und wenn ja, WO Sie Geld sparen könnten.

Wenn Sie Ihre Ausgaben über mehrere Monate auflisten und genau durchforsten, werden Sie Sparpotenziale entdecken, da sind wir ganz sicher. Muss es der teure Lippenstift sein? Der x-te Latte macchiato in der Woche, der hohe Mitgliedsbeitrag fürs Fitnessstudio, obwohl Sie sehr oft gar keine Zeit (und Lust) dafür haben? Überlegen Sie, ob nicht Punktekarten günstiger sind, bei denen Sie nur zahlen, wenn Sie das Studio wirklich genutzt haben. Gibt's noch ein paar Vereine oder Gesellschaften, in denen Sie Mitglied sind, obwohl Sie schon lange nicht mehr hingehen? Besitzt Ihr Smartphone Apps, die Sie schon viele Monate nicht mehr genutzt haben? Und dann all die Wohlfühl-Kleinigkeiten, die man meist im Vorübergehen kauft (auf DIE paar Euro kommt's ja auch nicht mehr an!). Die bunten Tassen, Gläser, Kerzen und Windlichter, Kissen usw. Oder die tollen Schuhe, das schicke Kleid, das jetzt nur noch die Hälfte kostet! Aber bedenken Sie: Auch Reduziertes kostet Geld!
»Nice to have« oder »Must have«, das wäre die richtige Überlegung vor jedem Kauf!

Sparen macht Spaß!

Bekommen Sie jetzt Angst? Dass Sie auf alles verzichten müssen, was Spaß macht? Nein, das müssen Sie nicht. Sie sollten nur etwas sorgfältiger mit Ihrem Geld umgehen. Überwinden Sie sich also und halten Sie durch mit Ihrer privaten Buchführung. Nach ein paar Monaten sind Sie wirklich Herrscherin über Ihre Finanzen!

Sie werden begeistert feststellen, wie sehr ein ausgeglichenes Konto beruhigt, wie viel erholsamer ein Urlaub auf einem weichen Finanzpolster ist als einer, der tiefrote Spuren auf Ihrem Konto hinterlässt.

Und Sie werden sehen, dass Sparen ganz schön kreativ sein kann.

Ein halbes Jahr später

Ihre Suche nach dem verschwundenen Geld war erfolgreich! Der Dispokredit wird nicht mehr benötigt, ja Sie haben sogar ein kleines Polster für Unvorhergesehenes auf einem Tagesgeldkonto. Wunderbar!

Dann könnten Sie ja schon einmal an den Vermögensaufbau denken. Wenn Sie nur 5 Euro am Tag einsparen können, dann sind das 150 Euro im Monat. Und mit diesen 150 Euro legen Sie schon mal einen richtig guten Grundstein für Ihr künftiges Vermögen. Wenn Sie die in einem erstklassigen Mischfonds anlegen, der durchschnittlich 6 % pro Jahr bringt, dann können Sie sich nach 10 Jahren über ca. 24 500 Euro freuen! Und wenn Sie diese 150 Euro monatlich dynamisieren, also jedes Jahr um beispielsweise 2 % erhöhen, dann werden daraus sogar ca. 26 500 Euro!

Hätten Sie das gedacht?

Kapitel 3

Tief in den roten Zahlen? So geht's raus aus dem Schuldensumpf

Das ist sehr bedenklich

Lebe jetzt und zahle später! Durch solche Parolen geraten immer mehr junge Menschen immer schneller in die Schuldenfalle. Das ist zu lesen im SchuldnerAtlas Deutschland 2010 von Creditreform. Erschreckend: Der Anteil der weiblichen Schuldner hat in einem Jahr um rund 11 % zugenommen, der von männlichen Schuldnern um etwa 1 %. Die Verschuldung junger Leute insgesamt ist im letzten Jahr um ca. 38 % gestiegen. 6,5 Millionen Deutsche über 18 sind überschuldet oder nachhaltig zahlungsgestört, das sind über 3 Millionen Haushalte.

Risikofaktoren sind zum Beispiel der Verlust des Arbeitsplatzes oder gestiegene Mietkosten. Als einen der Hauptgründe aber nennt der SchuldnerAtlas bei jungen Leuten »Unwirtschaftliche Haushaltsführung« mit einer deutlichen Zunahme.

Das interessiert uns, denn der Umgang mit Geld in jungen Jahren kann ja den Grundstock für ein kleines Vermögen legen oder aber für eine Schuldnerkarriere. Gudrun Bünte,

Leiterin der Schuldnerberatung der Arbeiterwohlfahrt in München, die wir dazu befragten, nennt uns die häufigsten Ursachen für die zunehmende Verschuldung junger Leute:

Erste eigene Wohnung

Maklerprovision und Kaution beim Vermieter werden fällig. Da kommen ein paar Tausender zusammen. Und dann die Wohnungseinrichtung! Die Ansprüche junger Leute sind oft hoch, alles soll möglichst perfekt sein. Und ein Kredit ist ja bekanntlich schnell zu haben. Die Folge: Oft sind Couch oder Bett schon kaputt, wenn der Kredit noch nicht abbezahlt ist.
Und schon schnappt die Schuldenfalle zu ...

Handy- und Download-Gebühren

Wie lange telefoniert? Wie oft Fotos als MMS verschickt? Wie viele Apps runtergeladen? Das weiß man mit Sicherheit erst, wenn die Rechnung kommt. Sehr teuer können zum Beispiel Klingeltöne werden, für die im Fernsehen oder online geworben wird. Wer zum Download eine SMS schickt, vereinbart damit oft, ohne es zu wissen, ein Klingelton-Abo.

Spontankäufe

Das Super-Fahrrad, die tolle Jeans, der iPod ... So was muss man heute einfach haben. Völlig uncool, auf so einen Kauf noch lange hinzusparen. Mit einer Girocard ist das doch alles kein Thema. Bis zum nächsten Kontoauszug ...

Hier zeigt sich ein gravierender gesellschaftlicher Wandel. Früher war es üblich, zu sparen, um sich dann etwas Bestimmtes kaufen zu können. Heute lautet das Motto: Lebe jetzt, zahle später.

Versandhaus-Order auf Pump

Heute bestellen – erst in drei Monaten mit der Ratenzahlung beginnen. Das ist inzwischen bei vielen Bestelladressen üblich, kann aber durchaus problematisch werden. Wenn zwei oder drei solcher Verträge laufen, verliert man schnell den Überblick bei den diversen Verpflichtungen.

Dispokredit

Das Geld reicht zwar wieder nicht, aber man bleibt trotzdem flüssig, weil die Bank einen Dispokredit einräumt. Der kostet dann allerdings 12 % und mehr Zinsen – und vom verdienten Geld bleibt immer weniger übrig. Deshalb sollte man den Dispo nur nutzen, wenn man das Konto einmal (und kurzfristig!) überzieht. Auf keinen Fall den Lebensunterhalt darüber finanzieren!
Achtung, Azubis: Viele Banken geben einen Dispo in dreifacher Höhe der monatlichen Ausbildungsvergütung. Da dauert es sehr lange, bis Kredit und Zinsen vom vergleichsweise sehr geringen Gehalt zurückgeführt werden können. Nebeneffekt für die Banken: Sie schaffen damit eine Kundenbindung, denn die jungen Leute dürften wegen negativer Schufa-Auskunft anderswo kaum ein Konto bekommen.

Ich habe mal gelesen, fragt Helga M., dass der Dispozins je nach Bank zwischen 11 und 14 % liegen soll. Mir wurden vor Kurzem aber fast 18 % berechnet. Wie kommt das?

Vermutlich hat Helga M. das Limit für ihren Dispositionskredit überschritten. Das bleibt nicht ohne Folgen. Für jeden Euro, mit dem sie sich über diesen Betrag hinaus verschuldet, darf die Bank nämlich sofort einen höheren Zins verlangen.

☞ **Unser Tipp:**
Falls Sie die Summe, die den Dispokredit übersteigt, nicht schnell zurückzahlen können, sollten Sie lieber einen Raten- oder Rahmenkredit aufnehmen. Der ist viel günstiger.

Geld- und Kreditkarte

Da gibt man im Handumdrehen viel zu viel Geld aus und merkt es nicht einmal. Denn fällige Beträge werden meist erst nach Tagen oder Wochen abgebucht. Vorsicht auch beim Kreditrahmen, den Kartenunternehmen gewähren. In der Regel zahlt man für diese Darlehen noch höhere Gebühren als für Dispokredite.

Bei jungen Leuten sehr beliebt – und sehr gefährlich: die Revolving-Karte. Im Gegensatz zu anderen Karten, bei denen die fällige Summe vom Girokonto abgebucht wird, wird hier der am Monatsende fällige Abrechnungsbetrag automatisch in einen Kredit umgewandelt. Der kann dann entweder auf einmal oder über Monate oder Jahre hinweg in Raten abgestottert werden. Bis zu 20 % Zinsen verlangen die Anbieter für einen solchen Kredit!

Dabei gibt es eine Kartenart, die vor der Schuldenfalle schützt: die Prepaid-Kreditkarte. Sie funktioniert wie die Prepaid-Karte beim Handy. Man zahlt zuerst ein Guthaben ein. Bis zu dieser Höhe kann dann mit der Karte bezahlt werden. Deshalb ist die Prepaid-Karte eigentlich keine Kreditkarte, sondern eine Guthabenkarte. Und das hat große Vorteile: Man kann nicht ins Minus geraten, weil man nur das ausgeben kann, was man zuvor eingezahlt hat. Und weil damit kein Kredit verbunden ist, fragt die Bank auch nicht bei der Schufa wegen der Kreditwürdigkeit nach. Also können auch Schüler, Auszubildende und Arbeitslose eine Prepaid-Karte erhalten. Allerdings ist die Jahresgebühr sehr viel höher als bei anderen Kreditkarten.

Wahlweise Abzocke

Mit 0190- und anderen Gewinnspielnummern wird oft richtig Kasse gemacht. Ganz zu schweigen vom teuren Handy-Payment: per Handy aus dem Internet etwas runterladen, dann mit der Monatsrechnung bezahlen.

Nicht Nein sagen können

Frauen schließen häufig für andere Verträge ab! Zum Beispiel, wenn der Freund in finanzieller Bedrängnis ist.

Ein klassischer Fall:
Patrick will ein neues Handy, kann sich aber keins leisten, weil er schon einen negativen Schufa-Eintrag hat. Er bittet Petra, seine Freundin, für ihn den Vertrag zu unterschreiben. Für Petra ist das o.k., die Rechnung geht ja an Patrick. Deshalb denkt sie

auch nicht weiter über das Ganze nach. Bis Patrick nicht mehr zahlt! Damit ist Petra in der Haftung. Und wenn sie dann auch nicht zahlen kann, wird der ganze Betrag auf einmal fällig plus einer Schadensersatzgebühr. Möglicherweise ist dann auch noch die Beziehung zu Ende, und Petra sitzt allein auf den Schulden.

Wie uns Schuldnerberaterin Gudrun Bünte bestätigte, ist das ein ernstes Problem, weil Frauen oft nicht Nein sagen können. Sie fühlen sich häufig sogar geschmeichelt und bestätigt, wenn sie von ihren Freunden um Hilfe gebeten werden. Und, wie es halt immer so ist, sie denken nicht daran, dass die Beziehung auch ein Ende haben könnte.

Raus aus der Schuldenfalle – was Sie tun müssen

Tilgen Sie so schnell wie möglich Ihren Dispokredit. Wenn das nicht geht, sollten Sie den Dispokredit in einen Raten- oder Rahmenkredit umwandeln.

Ratenkredit

Er gehört zu den gebräuchlichsten Darlehen. Der Kredit wird in gleichbleibenden monatlichen Raten zurückgezahlt – zu einem festen Zinssatz über eine vorher vereinbarte Laufzeit. Sie gehen damit also Zahlungsverpflichtungen ein, die strikt einzuhalten sind. Pluspunkt: Die Zinsen sind niedriger als bei einem Dispokredit.

Rahmenkredit

Hier gibt es keine feste Kreditsumme, sondern – daher der Name – einen Verfügungsrahmen, den die Bank dem Kunden einräumt. Er kann – je nach Bonität des Kreditnehmers – zwischen 2 500 und 25 000 Euro betragen. Innerhalb dieses Rahmens rufen Sie jeweils den Betrag ab, den Sie tatsächlich benötigen, und nur auf diesen Teil des Rahmenkredits werden auch die Zinsen berechnet.

Ein weiterer Pluspunkt: Die Tilgung kann flexibel erfolgen. Solche Kredite werden meist unbefristet genehmigt, sodass Sie eine Art finanzielle Reserve für Unvorhergesehenes haben. Bei günstigen Angeboten liegen die Zinsen sogar noch unter 4,5 %.

600 Millionen Euro könnten Bundesbürger pro Jahr sparen, wenn sie einen Rahmenkredit statt eines Dispokredits in Anspruch nehmen würden.

Weitere Maßnahmen

* Wenn möglich, Kaufverträge widerrufen. Das ist z. B. bei Haustür-, Versand- oder Teilzahlungsgeschäften innerhalb einer bestimmten Frist möglich.
* Zahlen Sie ab sofort nur noch bar.
* Führen Sie ein Haushaltsbuch, damit Sie wissen, wo Ihr Geld bleibt.
* Sparen Sie für Notfälle eine kleine Summe auf einem Tagesgeldkonto an.
* Suchen Sie sich einen Aushilfsjob am Wochenende. Bis zu 400 Euro kann jede und jeder steuer- und sozialabgabenfrei dazuverdienen. Das sind im Jahr immerhin 4 800 Euro!

Zu tief drin im Schuldensumpf?

- Vereinbaren Sie möglichst bald einen Termin bei einer Schuldnerberatungsstelle von Wohlfahrtsverbänden, Stadt oder Gemeindeverwaltungen (längere Wartezeiten sind möglich!). Dort bekommen Sie Hilfe und Begleitung.
- Gehen Sie privaten Kreditverleihern aus dem Weg, die besonders reißerisch in Tageszeitungen inserieren. Das sind meist Betrüger, durch die Sie noch viel tiefer in die Misere geraten.

Kapitel 4

Damit Sie ruhig schlafen können: Gehen Sie auf Nummer sicher – aber übertreiben Sie's nicht!

Die wichtigsten Versicherungen

Sie brauchen JETZT nur zwei: Privathaftpflicht und Berufsunfähigkeitsversicherung (BU).

In jungen Jahren, wenn die finanziellen Mittel knapp sind, hat die Absicherung der existenziellen Risiken absoluten Vorrang. Denn das beste Sparkonzept ist hinfällig, wenn Sie durch Unfall, Krankheit oder durch einen Schaden, den Sie anderen zufügen, in den wirtschaftlichen Ruin getrieben werden.

Deshalb müssen diese zwei elementaren Versicherungen sein. Die eine (Haftpflicht) schützt Sie, wenn Sie anderen einen Schaden zufügen. Die andere (BU) schützt Sie selbst, wenn Sie durch Krankheit oder Unfall Ihren Beruf vorübergehend oder auf Dauer nicht mehr ausüben können.

Private Haftpflichtversicherung

Ein Drittel aller Bundesdeutschen hat keine Haftpflichtversicherung und begibt sich damit in ein existenzielles Risiko.

Hanna M. (25) gehört dazu. Ein bodenloser Leichtsinn!
»Wenn ich wirklich mal ein Glas Rotwein auf den Teppich meiner Freundin schütte, dann kann ich das doch auch selbst bezahlen«, meint sie.

Aber darum geht es nicht. Hanna M. musste leider eine drastische Erfahrung machen. Sie ist im Großstadtverkehr mit ihrem Fahrrad in falscher Richtung unterwegs, um etwas zu besorgen. Dabei wird sie unaufmerksam. Sie achtet einen Moment lang nicht auf den Fahrweg und übersieht ein 4-jähriges Kind, das auf den Fahrradweg läuft. Hanna M. kann nicht mehr ausweichen. Sie überfährt das Kind und stürzt schwer. Das Kind verletzt sich so unglücklich, dass es unter anderem ein Schädelhirntrauma dritten Grades erleidet und fast vier Wochen im Koma liegt, insgesamt wird es acht Monate lang im Krankenhaus behandelt.
Das Kind wird vermutlich nachhaltig behindert sein und später mit großer Wahrscheinlichkeit eine Sonderschule für Körperbehinderte besuchen müssen.
Die bisherigen Kosten, die Hanna M. tragen muss, belaufen sich auf 45 000 Euro. Was an Folgezahlungen auf sie zukommt – unter Umständen eine lebenslange Rente –, ist noch nicht abzusehen. Das kann Hanna M. in den finanziellen Ruin treiben. Und: Die Familie des schwer geschädigten Kindes bliebe auf den Kosten sitzen.
Wir halten es deshalb auch für eine gesellschaftliche und moralische Verpflichtung, mithilfe einer preiswerten Haft-

pflichtversicherung die Geschädigten wenigstens von materiellen Sorgen zu entlasten.

Eine Privathaftpflicht käme ja für den gesamten Schaden auf! Deshalb ist diese Versicherung ein absolutes MUSS. Denn: Wer anderen schuldhaft einen Schaden zufügt, ist laut Gesetz zum Schadenersatz verpflichtet.

Wichtig ist eine ausreichende Schadensumme. Sie sollte mindestens fünf Millionen betragen und kostet in dieser Höhe etwa 50 Euro im Jahr. Eine Privathaftpflicht gilt normalerweise weltweit.

Berufsunfähigkeitsversicherung (BU)

Brauche ich die wirklich?
Die zahlen doch eh nicht.
Ich lebe sooo gesund, jogge täglich und werde schon nicht krank.
In meinem Beruf kann ich auch im Rollstuhl arbeiten.
Ich mach lieber eine Unfallversicherung, die ist billiger und reicht doch auch. Und so weiter.
Wir hören in unseren Beratungsgesprächen diese und ähnliche Einwände leider ständig. Auch von Ihnen?

Ein häufiger Abwehrsatz ist auch:
Die 50 Euro im Monat spare ich lieber, sagt Lena N. und mit ihr viele andere. Dann hab ich das Geld zur Verfügung, wenn ich doch krank werde.

Das ist ziemlich absurd und mit ein bisschen Nachrechnen leicht zu widerlegen. Denn: 50 Euro im Monat sind 600 Euro im Jahr, in zehn Jahren mit 4 % Zins und Zinseszins ergibt das ca. 7 300 Euro. Lena N. verdient aber im Monat netto 1 500 Euro und muss davon Miete und Lebenshaltungskosten bezahlen. Angenommen, sie würde in zehn Jahren berufsunfähig. Von ihren ersparten 7 300 Euro könnte sie also nicht einmal ein halbes Jahr leben.

Ganz klar: Junge Leute haben ihr Leben noch vor sich und möchten sich nicht schon jetzt mit Krankheit oder Tod beschäftigen. Das ist verständlich! Klug ist es nicht.

Schauen Sie sich einmal die nachfolgenden Zahlen an, dann ändern Sie hoffentlich Ihre Meinung.

Ursachen für Berufsunfähigkeit:
- 10,7 % werden durch Unfälle verursacht
- 10,8 % durch Herz- und Kreislauferkrankungen
- 14,4 % durch Krebs und andere bösartige Geschwüre
- 23,5 % durch psychische Erkrankungen und Nervenkrankheiten
- 24,4 % durch Skelett-, Muskel- oder Bindegewerbserkrankungen
- 16,2 % durch sonstige Erkrankungen.

(Quelle: Analysehaus Morgen & Morgen 2/2010)

Hätten Sie gedacht, dass Unfälle nicht einmal 11 % ausmachen? Dass sich psychische und psychosomatische Erkrankungen in den letzten 10 Jahren fast verdoppelt haben und heute ca. 23,5 % der BU-Fälle ausmachen? Zurückgegangen sind Wirbelsäulenerkrankungen. Aber immer noch werden ca. 24 % der BU-Fälle dadurch verursacht. Herz- und Kreislauferkrankungen haben ebenfalls abgenommen und lösen ca. 10,8 % der BU-Fälle aus. Das ist mit Sicherheit auch zurückzuführen auf die bessere medizinische Versorgung, auf gesunde Lebensweise und Sport. Zugenommen hat Krebs, dessen Anteil heute bei ca. 14,4 % liegt.

Wir stellen in unseren Beratungen mit Schrecken fest, dass viele Menschen zwischen 30 und 40 schon einige gesundheitliche (oft psychische) Probleme haben, die den Abschluss einer BU meist gar nicht mehr oder nur mit Risikozuschlag möglich machen.

Das erschreckt mich jetzt doch, sagen Sie jetzt wahrscheinlich und fragen. *Also: Was ist so eine Berufsunfähigkeitsversicherung genau?*

Sie ist, wie auch die Haftpflicht, eine reine Risikoversicherung. Das heißt, sie zahlt ausschließlich, wenn der versicherte Fall eintritt, wenn Sie also durch eine schwere Erkrankung oder einen Unfall nicht mehr in Ihrem zuletzt ausgeübten Beruf arbeiten können. Das muss fachärztlich festgestellt werden. Passiert nichts, gibt es kein Geld zurück.

Wenn Sie berufsunfähig sind, erhalten Sie eine monatliche BU-Rente. Deren Höhe richtet sich nach dem Beitrag, den Sie leisten.

Aber da zahlt doch die Krankenkasse, meinen Sie?

Sechs Wochen lang gibt es die Lohnfortzahlung vom Arbeitgeber. Danach zahlt sechs Monate lang die Krankenkasse. Nach diesen sechs Monaten wird geprüft, ob Sie krank im Sinne der Krankenkasse sind oder schon berufsunfähig.

Wann soll man so was abschließen?

So früh wie möglich, weil ja im jugendlichen Alter meist noch keine gesundheitlichen Beeinträchtigungen vorliegen.

Risikoversicherungen werden mit zunehmendem Alter teurer. Im höheren Alter nimmt ja die Wahrscheinlichkeit zu erkranken zu.

Ich habe noch keinen Beruf, sondern studiere.
Das ist kein Problem. Sie können auch während eines Studiums oder einer Berufsausbildung eine BU abschließen.

Aber ich habe nicht viel Geld.
Es gibt spezielle Policen für junge Leute. Die bieten einen Einstieg für Berufsanfänger mit geringem Beitrag und – das ist wichtig – die Möglichkeit, den Beitrag und damit auch die BU-Rente später zu erhöhen, und zwar ohne erneute Gesundheitsprüfung. Dies ist dann möglich, wenn bestimmte Ereignisse eintreten (Gehaltssprung, Heirat, Geburt eines Kindes). Vielleicht können Ihre Eltern den Beitrag für die Anfangsjahre übernehmen?

Sie haben mich überzeugt! Was muss ich beim Vertragsabschluss beachten?
Eine BU sollte immer bis zum Rentenalter abgeschlossen werden. Das ist sehr wichtig, weil ja gesundheitliche Beeinträchtigungen mit zunehmendem Alter wahrscheinlicher werden.
Die Höhe der BU-Rente richtet sich nach der Lebenssituation. Sie sollte aber mindestens die fixen Kosten abdecken. Der Vertrag sollte immer eine sogenannte Nachversicherungsgarantie enthalten. Das heißt, dass Sie den Vertrag im Lauf der Zeit Ihren veränderten Lebenssituationen (Heirat, Geburt eines Kindes, Gehaltssprung) anpassen können, und zwar ohne erneute Gesundheitsprüfung.

Die Berufsunfähigkeitsversicherung sollte auf eine abstrakte Verweisung verzichten, das heißt, dass Sie nicht auf die Ausübung eines anderen Berufs verwiesen werden können.

Meine Eltern haben vor ein paar Jahren eine Kapital-Lebensversicherung für mich abgeschlossen, und da ist eine »Beitragsbefreiung bei Berufsunfähigkeit« dabei. Was heißt denn das?
Das bedeutet, dass im Falle einer Berufsunfähigkeit die Beiträge für die Kapital-Lebensversicherung von der Versicherungsgesellschaft weitergezahlt werden. Eine Berufsunfähigkeitsrente ist damit aber nicht verbunden.

Wichtig, aber nicht existenzsichernd

Auslandsreise-Krankenversicherung

Ob Magenverstimmung, verstauchter Knöchel oder Zahnweh: Für Arztbesuche in fernen Ländern sollten Mitglieder gesetzlicher Krankenkassen unbedingt eine Reisekrankenversicherung abschließen. Nur Privatversicherte haben je nach Tarif weltweit Anspruch auf Kostenerstattung, auch bei Krankenrücktransporten, die von gesetzlichen Kassen in Deutschland grundsätzlich nicht übernommen werden.
Gesetzlich Krankenversicherte sind allerdings mit der European Health Insurance Card (EHIC – auf der Rückseite der deutschen Chipkarte enthalten) in europäischen Ländern gut, weil kostenfrei, bedient. Aber Achtung: Dort muss manches, was bei uns als Kassenleistung durchgeht, privat verauslagt und später zu Hause abgerechnet werden.

Wer von vornherein sicher sein will, dass alle Kosten erstattet werden: Eine Jahres-Dauerpolice (für jede maximal sechswöchige Urlaubsreise) kostet rund 10, für Familien ca. 20 Euro.

Hausratversicherung

Mit dieser Versicherung können Sie Ihren Hausrat gegen Diebstahl, Leitungswasser, Feuer und Sturm/Hagel absichern. Sie zahlt unter Umständen auch, wenn auf Reisen Wertgegenstände gestohlen werden. Empfehlenswert ist die Hausratversicherung dann, wenn jemand eine hochwertige Wohnungseinrichtung hat, Kunstgegenstände besitzt oder Antiquitäten sammelt. In jungen Jahren ist diese Versicherung also nicht unbedingt nötig.

Und die brauchen Sie erst einmal nicht

Rechtsschutzversicherung

Rechtsstreitigkeiten nehmen zwar zu, aber in jungen Jahren und bei knapper Kasse muss diese Versicherung noch nicht sein. Es sei denn, Sie sind viel mit dem Auto unterwegs. Oder Sie haben einen Arbeitgeber, mit dem es vermutlich Schwierigkeiten geben wird, oder einen Vermieter, der Ärger macht.

Risiko-Lebensversicherung

Sie ist vor allem dann wichtig, wenn ein Partner bzw. eine Partnerin im Fall Ihres Todes abgesichert werden soll; wenn Sie kleine Kinder haben oder hohe Schulden aus einem Immobilienkauf.

Mit einer Risiko-Lebensversicherung kann verhindert werden, dass eine Familie ohne Einkommen oder mit einem Schuldenpaket dasteht, wenn die Haupternährerin/der Haupternährer stirbt.

Unfallversicherung

Leider schließen sehr viele junge Menschen und viele Eltern für ihre Kinder eine Unfallversicherung ab statt einer Berufsunfähigkeitsversicherung. Es ist ja auch verlockend: Eine Unfallversicherung ist nämlich deutlich billiger.

Falsch versichert!

Die Eltern von Jana B. haben für sie eine Unfallversicherung mit Beitragsrückgewähr abgeschlossen. Damit ist sie gut abgesichert, meinten sie. Und der Versicherungsvertreter erklärte ihnen, dass sie am Ende der Laufzeit die gesamten Beiträge zurückbekommen. Das gefiel ihnen besonders gut.

Leider ist weder das eine noch das andere der Fall.

Was bedeutet denn Beitragsrückgewähr?

Eine Unfallversicherung mit Beitragsrückgewähr suggeriert, dass es ein Modell gibt, bei dem am Ende der Laufzeit die Beiträge zurückgezahlt werden, wenn nichts passiert ist. Aber das ist ein Irrtum.

Eine Unfallversicherung ist eine Risikoversicherung, das heißt, derjenige, der einen Unfall erleidet, bekommt Geld. Wer verschont bleibt, erhält nichts, auch keine Rückzahlung der Beiträge. Der »Trick« bei der Unfallversicherung mit Beitragsrückgewähr ist, dass hier Risikoschutz und Sparanlage kombiniert werden. Ein Teil des Beitrags geht also in den »Risikotopf«, aus dem dann gezahlt wird, wenn jemandem etwas passiert. Ein anderer Teil des Beitrags wird in einer Kapital-Lebensversicherung angelegt. Am Ende der Vertragslaufzeit gibt es das darin angesparte Geld plus Zinsen zurück.

Wir raten von solchen Kombiverträgen ab. Es ist immer lukrativer und transparenter, Risikoversicherung und Sparplan voneinander zu trennen, weil beide ja völlig unterschiedliche Ziele verfolgen.

Dazu kommt – und das wissen viele nicht –, dass bei einer Unfallversicherung die Versicherungsgesellschaft den Vertrag kündigen kann, »wenn eine Leistung erbracht wurde«. Mit anderen Worten: Ist ein Unfall passiert und die Versicherungsgesellschaft musste zahlen, steht es ihr frei, den Vertrag zu kündigen. Kündigen können natürlich beide Seiten, also auch Jana. Die Kündigung durch die Versicherungsgesellschaft aber hat fatale Folgen: Jana müsste ja dann einen neuen Vertrag abschließen. Den aber wird sie nach einem Unfall mit gesundheitlichen Beeinträchtigungen nicht mehr so leicht bekommen.

Die wesentlich bessere Wahl

Die Eltern sollten für ihre Tochter statt der Unfallversicherung lieber eine Berufsunfähigkeitsversicherung abschließen. Denn eine Unfallversicherung zahlt naturgemäß nur bei Unfall. Und Sie haben ja gelesen, dass nur 11% aller BU-Fälle durch Unfälle verursacht werden. Eine BU aber zahlt bei schwerer Krankheit UND Unfall.

Sie sehen daraus, dass für einen jungen Menschen eine Unfallversicherung nicht die Lösung sein kann.

Und, ganz wichtig: Während eine Unfallversicherung nach einem Unfall von der Versicherungsgesellschaft gekündigt werden kann, läuft die BU-Versicherung bis zum vereinbarten Ende weiter, meist bis zum 65. oder 67. Lebensjahr. Selbst dann, wenn Sie einige Jahre berufsunfähig waren und eine BU-Rente bezogen haben. Entscheidend ist es, so früh wie möglich anzufangen, weil ja in jungen Jahren noch kaum gesundheitliche Einschränkungen vorliegen.

Unsere Meinung:

Eine Unfallversicherung ist dann sinnvoll, wenn aus gesundheitlichen Gründen keine BU-Versicherung abgeschlossen werden kann. Besonders wichtig ist eine Unfallversicherung für Kinder, die ja in hohem Maße unfallgefährdet sind. Wichtig ist sie auch für ältere Menschen, weil in höherem Alter Unfälle zunehmen, zum Beispiel die berüchtigten Oberschenkelhalsbrüche. In allen anderen Fällen ist eine Berufsunfähigkeitsversicherung die beste Wahl.

Kapitel 5

Es geht auch ohne sechs Richtige: Gut geplant ist halb gewonnen!

Ines B. lebt in Hamburg und will in diesem Jahr ihren Urlaub unbedingt auf Sizilien verbringen. Sie setzt sich also in ihr Auto und fährt einfach drauflos. Ohne sich im Internet informiert und ohne einen Reiseführer gelesen zu haben, ohne die Wegstrecke zu kennen, geschweige denn einen Platz auf der Fähre zu buchen. Ohne zu wissen, womit sie klimatisch oder auch finanziell rechnen muss.

Gut möglich, dass sie in Triest landet oder in Kroatien statt in Palermo.

Was bei der Urlaubsplanung wenig realistisch klingt, auch wenn es einige Leute geben mag, die es tatsächlich so machen – bei der Vermögensplanung ist dies leider die Regel.

Da liegt ein Sparbuch (Geldgeschenke von den Großeltern) mit Minizinsen herum. Einen kleinen Bausparvertrag gibt es auch, den haben Ihre Eltern für Sie abgeschlossen (Eltern lieben Bausparverträge). Und Tante Sibylle schenkte Ihnen zum 20. Geburtstag ein paar Bundesschatzbriefe. Das ist alles nicht verkehrt, aber eben auch nicht besonders sinnvoll. Vor allem aber fehlt für das Ganze ein klar definiertes Ziel.

So kommen Sie zum Ziel

Ganz gleich, ob Sie eine Reise planen oder Ihr Geld sinnvoll anlegen wollen: In jedem Fall müssen Sie sich erst einmal ein paar Gedanken machen. Zum Beispiel, was Sie haben, was Sie erreichen möchten, was Sie dafür einsetzen können und auf welche Weise Sie zum Ziel kommen wollen.
Die entscheidenden Fragen sind also:

Was besitze ich schon?
Was will ich wann erreichen?
Was kann und will ich dafür einsetzen?

Was besitze ich?

Sparbuch ....
Tagesgeld ....
Festgeld ....
Sparbriefe ....
Bausparvertrag ....
Bundesschatzbriefe ....
Investmentfonds ....
   mit Aktien ....
   mit Rentenpapieren ....
   mit Immobilien ....
Vermögenswirksame Leistungen ....
Kapital-Lebensversicherung ....
Private Rentenversicherung ....
....
....

Was will ich wann erreichen?

In der Finanzplanung wird zwischen kurz-, mittel- und lang-fristigen Geldanlagen unterschieden. Die Unterscheidung nach Anlagehorizont ist für die persönliche Planung wichtig und für den Anlageerfolg entscheidend.

Wer alles immer nur kurzfristig verfügbar halten will, erkauft sich diese Flexibilität mit einem Renditeverlust. Denn die Gewinnchancen eines Tagesgeldkontos sind nun mal sehr begrenzt.

Und wer alles in die Altersversorgung, also in langfristige Anlagen, steckt, muss bei einem plötzlichen Geldbedarf viel-leicht einen langfristigen Vertrag auflösen. Und das kann wiederum zu Verlusten führen. Oder Sie müssen einen Dis-pokredit in Anspruch nehmen, und das wird teuer.

Interessant ist, dass die mittelfristige Planung meist überse-hen wird. Dabei wird sie in unserer sich schnell verändernden Welt immer wichtiger: berufliche Weiterbildung, Familien-gründung, Auslandsaufenthalte. All das ist leichter zu planen und zu verwirklichen, wenn Rücklagen vorhanden sind.

Und so sollten Sie planen

Kurzfristig   z. B. eiserne Reserve für Anschaffungen, Reparaturen, Urlaub, Unvorhergesehenes

Mit kurzfristig sind **ein bis fünf Jahre** gemeint.

Geeignet dafür sind Tages- und Festgeldkonten. Beide brin-gen deutlich mehr Zinsen als ein Sparbuch, also Hände weg vom »Goldesel« der Banken! Warum Goldesel? Weil die Bank Ihnen für Ihr Geld auf dem Sparbuch 0,75 % Zinsen bezahlt und es für 8 oder 9 % verleiht! Die Differenz ist der Gewinn der Bank. Ein lukratives Geschäft ohne jedes Risiko für die Geldinstitute!

Bei kurzfristigen Anlagen dürfen Sie kein Risiko eingehen. Das Geld soll ja jederzeit ohne Verlustgefahr zur Verfügung stehen.

Mittelfristig Wohnungseinrichtung, Zusatzausbildung, Auslandsaufenthalt, Existenzgründung

Mittelfristig heißt bei der Geldanlage in etwa **5 bis 10 Jahre**. Geeignet für diesen Zeitraum ist zum Beispiel ein Bausparvertrag mit höheren Zinsen, der nur zum Sparen genutzt wird. Und natürlich sind hier Mischfonds ideal, also Fonds, die in unterschiedliche Anlagen investieren können, beispielsweise zu einem Teil in Aktien, einem anderen in Rentenpapieren usw.

Sie sehen schon, bei einem mittelfristigen Zeitraum können Sie ein begrenztes Risiko eingehen. Nicht geeignet sind reine Aktienfonds, für die ist der geplante Zeitraum viel zu kurz. Bei Mischfonds ist das Risiko begrenzt, weil der Fonds ja nur zu einem Teil aus Aktien besteht und der Rentenanteil eher eine sichere Basis bietet.

Langfristig Immobilienkauf, Altersvorsorge

Langfristig ist alles, was **über 10 Jahre** hinausgeht. Für den Immobilienkauf ist ein »richtiger« Bausparvertrag unverzichtbar, also einer, mit dem Sie einen Anspruch auf ein zinsgünstiges Darlehen erwerben. Denn die Zinsen für Bankdarlehen sind auf lange Zeiträume hin nicht vorhersagbar. Dieser Teil Ihrer Finanzierung ist also weniger kalkulierbar.

Für die Altersversorgung sind immer Rentenversicherungen geeignet, ob Riester, Rürup oder private Rentenversicherung. Und natürlich Fonds mit Aktien, entweder reine Aktienfonds, wenn eine sehr lange Anlagezeit zur Verfügung steht, oder Mischfonds mit einem höheren Aktienanteil. Bei langer Anlagezeit – und Sie haben ja bis zu Ihrem Rentenalter 35 bis 40 Jahre – dürfen Sie ein höheres Risiko eingehen. Ja, Sie sollten es sogar tun, weil nur mit höherem Risiko langfristig auch höhere Renditen zu erzielen sind.

Und an diesem Punkt müssen wir natürlich darüber reden, was Sie und wir unter Risiko verstehen – vermutlich sind wir hier nicht einer Meinung! In Kapitel 7 steht einiges dazu.

Und so sollten Sie vorgehen

Ordnen Sie die schon vorhandenen Geldanlagen Ihren Zielen zu. Ein Bausparvertrag z.B. ist eher eine mittelfristige Anlage, ein Sparbuch eine kurzfristige. Besitzen Sie Aktienfonds, so gehören die zu den langfristigen Anlagen, weil alle Aktienanlagen im Wert stark schwanken können (leider auch nach unten). Erst über längere Zeiträume können sich die Schwankungen glätten.

Rentenversicherungen sind natürlich ebenfalls langfristige Anlagen. Sie sind ja speziell für die Altersvorsorge gedacht.

Wenn Sie so vorgehen, sehen Sie, ob Ihre bisherigen Geldanlagen zu Ihren Zielen passen und welcher Bereich noch unterversorgt ist.

Trennen Sie sich von Anlagen, die zu keinem Ihrer Ziele passen. Oder von Anlagen, die zu wenig Rendite bringen, wie z.B. einem Sparbuch. Mit dem frei gewordenen Geld bauen Sie dann die Zielbereiche aus, die noch unterrepräsentiert sind.

Was kann und will ich dafür einsetzen?

Wenn Sie später etwas ernten wollen, dann müssen Sie zuerst etwas säen! Das ist bei der Vermögensplanung nicht anders als in einer Gärtnerei. Ein Teil Ihres Einkommens muss also für Ihre Ziele angelegt werden.

- Warten Sie bitte nicht auf den Tag, an dem Ihnen einfach Geld übrig bleibt. Dieser Tag, das können wir Ihnen garantieren, wird nicht kommen!
- Sparen Sie regelmäßig 5, besser 10 % Ihres Nettoeinkommens.
- Überlisten Sie sich und machen Sie einen Dauer- oder Einzugsauftrag.
- Fangen Sie mit dem Betrag an, den Sie sich jetzt gut leisten können, und stocken Sie Ihren Sparbetrag dann auf, wenn mehr Geld zur Verfügung steht.
- Nutzen Sie Gehaltserhöhungen für Ihre Vermögensplanung. Das trifft Sie nicht hart, denn Ihr Lebensstandard ist ja durch die Gehaltserhöhung nicht gestiegen.
- Profitieren Sie von der staatlichen Sparförderung. Was Sie vom Staat geschenkt bekommen, müssen Sie nicht selbst sparen!

Kapitel 6

Das Pflichtprogramm: Die Basis für Ihre Zukunft!

Die gesetzliche Rentenversicherung

Wie alles anfing

Das 19. Jahrhundert wurde in Deutschland von der Entstehung der Industrie geprägt. Menschen zogen vom Land in die Städte, um in den neuen Fabriken Arbeit zu finden. Die Arbeitsbedingungen dort waren unmenschlich. Die niedrigen Löhne reichten kaum für eine menschenwürdige Existenz. Dazu kam noch die Ausbeutung durch Kinderarbeit. Das alles führte zu sozialem Elend und schließlich, vor allem in den Städten, zu gesellschaftlichen Spannungen. Alte und Kranke konnten nicht mehr von ihren Familien aufgefangen werden.

Weil das alles zum Erstarken der Sozialdemokratie führte, unternahm der konservative Reichskanzler Bismarck den Versuch, die sozialen Verhältnisse zu verbessern. Die Einführung einer allgemeinen Sozialversicherung hatte also damals keine humanitären oder altruistischen Motive, sondern sollte der Sozialdemokratie den Wind aus den Segeln nehmen.

1883   verabschiedete der Reichstag das Kranken-
        versicherungsgesetz,
1884   das Unfallversicherungsgesetz,
1889   das Invaliditäts- und Altersversicherungsgesetz.
1927   wurde die Arbeitslosenversicherung eingeführt.

Damals ahnte noch niemand, welche Probleme 100 Jahre
später auftreten würden. Denn die Bedingungen waren sei-
nerzeit – natürlich nur für die Rentenversicherung – nahezu
ideal: Rente gab's mit 70, die durchschnittliche Lebenserwartung lag allerdings nur bei 47 Jahren. Das 70. Lebensjahr
erreichte kaum jemand. Das heißt, dass nur wenige überhaupt in den Genuss einer Rente kamen.
Mehrfach änderten verschiedene Regierungen im Lauf der
Jahrzehnte die Rahmenbedingungen der Rentenversicherung.
Das Renteneintrittsalter wurde auf 65 abgesenkt (in jüngster
Zeit wieder auf 67 angehoben).
1957 wurde unter Bundeskanzler Adenauer das bis dahin
geltende Kapitaldeckungssystem auf das bis heute geltende
Umlageverfahren zur Finanzierung der Rente umgestellt.

Was ist denn ein Kapitaldeckungssystem?

Das Geld, das Sie einzahlen, wird für Sie angelegt und später
an Sie ausgezahlt, wie das zum Beispiel bei Lebensversicherungen der Fall ist.

Und wie funktioniert das Umlageverfahren?

Die gesetzliche Rentenversicherung basiert auf dem sogenannten Generationenvertrag. Das heißt, die jeweils arbei-

tende Generation finanziert mit ihren Beiträgen zur gesetzlichen Rentenversicherung die aktuellen Renten der jeweiligen Rentnergeneration. Das eingezahlte Geld wird also nicht angelegt, sondern sofort an die heutigen Rentnerinnen und Rentner weitergegeben, also umgelegt. Daher kommt der Name Umlageverfahren.

Wie viel muss ich denn da einzahlen?

Der Pflichtbeitrag in die gesetzliche Rentenversicherung für Arbeitnehmer beträgt in Deutschland zurzeit 19,9 % des Bruttogehalts. Diesen Pflichtbeitrag teilen sich Arbeitgeber und Arbeitnehmer.

Das ist doch ganz schön viel, warum muss ich dann noch privat vorsorgen?

Die gesetzliche Rentenversicherung steckt in einer tiefen Krise. In den westlichen Industrieländern werden die Menschen immer älter, das bedeutet, sie beziehen immer länger Rente. Das derzeitige Renteneintrittsalter liegt bei 67 Jahren. Wenn Sie heute 25 sind, dann haben Sie eine Lebenserwartung von weit über 90 Jahren. Wenn Sie also mit 67 in Rente gehen, liegen möglicherweise 25 bis 30 Jahre Ruhestand vor Ihnen, die finanziert werden müssen.

Von wem?

2008 haben drei Menschen, die in die gesetzliche Rentenversicherung eingezahlt haben, einen Rentner finanziert. 2030 werden es nur noch zwei sein, und 2060 gar wird nur noch ein Beitragszahler einen Rentner finanzieren.

Dass die Rente immer länger gezahlt werden muss, ist das eine. Hinzu kommt: Es werden weniger Kinder geboren als früher, und viele junge Leute, bedingt durch lange Ausbildungszeiten, werden erst spät berufstätig, zahlen also einige Jahre weniger ein. Außerdem wird das System der Rentenversicherung dadurch belastet, dass viele Menschen im erwerbsfähigen Alter arbeitslos oder nur geringfügig beschäftigt sind, also nichts oder nur wenig in die gesetzliche Rentenversicherung einzahlen.

Die gesetzliche Rente wird also künftig nur noch eine Basisversorgung bieten. Rentnerinnen und Rentner müssen ihre Altersabsicherung aus anderen Quellen sichern und z. B. mit den Erträgen aus privater Altersvorsorge aufstocken.

Warum ist Altersvorsorge für Frauen besonders wichtig?

Frauen leben im Durchschnitt sechs Jahre länger als Männer. Sie brauchen also im Alter mehr Geld.

Frauen verdienen in vielen Bereichen immer noch weniger als Männer. Wer aber weniger verdient, zahlt auch weniger in die gesetzliche Rentenversicherung ein und bekommt später auch weniger ausbezahlt.

Immer noch steigen überwiegend Frauen für längere Zeit aus dem Beruf aus, meist wegen der Kinder. Je länger diese Kindererziehungszeit dauert, desto weniger ist sie im Hinblick auf die Rente aufzuholen.

Es sind überwiegend Frauen, die Teilzeit arbeiten oder gar auf Minijob-Basis. Das ist für das Rentenkonto fatal. Männer bringen es im Schnitt auf 39 Berufsjahre, Frauen nur auf 26. Das alles führt dazu, dass Frauen heute durchschnittlich halb so viel Rente haben wie Männer.

Wie weiß ich, wie mein Rentenkonto ausschaut?

Bis 2003 konnten sich viele noch der Illusion hingeben, dass die Rente schon irgendwie reichen wird. Das ist seit 2004 nicht mehr möglich.

Wer 27 Jahre alt ist und mindestens fünf Jahre versicherungspflichtig gearbeitet hat, bekommt einmal jährlich von der Deutschen Rentenversicherung Bund eine *Renteninformation*. Sie zeigt Ihnen, was Sie bisher an Rente erzielt haben; was Sie bis 67 erreichen werden, wenn Sie weiterhin so einzahlen wie bisher, und wie sich Ihre Rente entwickelt, sollte es Rentenerhöhungen geben (damit sollten Sie allerdings lieber nicht rechnen!).

Die Renteninformation zeigt aber auch, wie die Inflation, also die Geldentwertung, an Ihrer späteren Rente »nagt«. Auf der zweiten Seite der Renteninformation finden Sie nähere Angaben dazu. Grundsätzlich müssen Sie wissen: 1 000 Euro Rente haben bei einer jährlichen Inflationsrate von 2 % in 10 Jahren nur noch eine Kaufkraft von 818 Euro, in 20 Jahren nur noch von 668 Euro und in 30 Jahren nur noch von 545 Euro.

Von der künftigen Altersrente werden außerdem Steuern abgezogen und die Beiträge zur Kranken- und Pflegeversicherung.

Die Künstlersozialkasse (KSK)

Ich habe eine Goldschmiede-Ausbildung und will mich selbstständig machen. Mir ist dabei etwas mulmig zumute, weil ich ja praktisch aus allen staatlichen Absicherungen rausfalle. Das schreibt Birgit M. (25).

Ganz so schlimm, wie Birgit M. meint, ist ihre Situation allerdings nicht. Denn als Künstlerin kann sie einen Antrag auf Pflichtversicherung bei der Künstlersozialkasse (KSK) stellen. Das ist die gesetzliche Sozialversicherung für selbstständige Künstler und Publizisten. Sie umfasst die Rentenversicherung, Krankenversicherung und Pflegeversicherung.

Der Vorteil

Ähnlich wie Festangestellte müssen sie nur für die Hälfte ihrer Beiträge selbst aufkommen. Bei Festangestellten zahlt die andere Hälfte ja der Arbeitgeber. Bei Künstlern wird sie durch einen Zuschuss des Bundes getragen und durch eine Abgabe der Unternehmen, die Leistungen und Werke von Künstlern und Publizisten in Anspruch nehmen. Das sind zum Beispiel Rundfunkanstalten, Galerien, Musikschulen etc.

Die Künstlersozialkasse gibt es seit 1983. Sie ist eine bedeutende Errungenschaft unseres Sozialstaates. Denn seitdem gibt es erstmals auch für Künstler einen Basisschutz vor Krankheit, Pflegebedürftigkeit und Altersarmut.

Voraussetzung für die Mitgliedschaft in der KSK ist, dass tatsächlich eine selbstständige künstlerische oder publizistische Tätigkeit ausgeübt wird. Mit dieser Tätigkeit muss auf Dauer der Lebensunterhalt bestritten werden, sie darf also nicht nur nebenberuflich ausgeübt werden.

Welchen Monatsbeitrag ein Künstler/Publizist im Einzelnen an die KSK zahlt, hängt von der Höhe seines Arbeitseinkommens ab. Das jährliche Arbeitseinkommen muss 3900 Euro übersteigen, nur in den ersten drei Jahren der Berufsausübung darf dieser Betrag unterschritten werden. Außerdem darf nicht mehr als ein/e Angestellte/Angestellter beschäftigt werden. Sonst wären Sie ja Arbeitgeberin und damit nicht mehr schutzbedürftig.

Wichtig:
So wichtig die Basisabsicherung über die KSK ist, ausruhen können Sie sich darauf nicht. Denn wegen der meist nur geringen Beiträge, die da eingezahlt werden, entsteht kein nennenswerter Rentenanspruch. Es muss also zusätzlich so früh wie möglich privat vorgesorgt werden.

Sie sollten deshalb einen Vorteil nutzen, den die KSK bietet: Da Sie ja über die KSK in die gesetzliche Rentenversicherung einzahlen, können Sie auch eine Riester-Rente abschließen und die staatlichen Zulagen in Anspruch nehmen.

Die Versorgungswerke für Freiberufler

Einige Berufsgruppen werden als freiberuflich tätig eingestuft. Dazu gehören beispielsweise Architekten, Ärzte, Steuerberater, Rechtsanwälte, Psychologen. Sie zahlen ihre Rentenbeiträge nicht in die gesetzliche Rentenversicherung ein, sondern in eigene berufsständische Versorgungswerke. Die Höhe der Beiträge richtet sich nach den Sätzen der gesetzlichen Rentenversicherung. Die Satzungen der einzelnen Versorgungswerke sehen aber Beiträge in unterschiedlicher Höhe vor.

Der entscheidende Unterschied zwischen Versorgungswerken und gesetzlicher Rentenversicherung ist, dass in Versorgungswerken das Geld der Mitglieder überwiegend für deren eigene Rente angelegt und verzinst wird, also ähnlich wie bei Lebensversicherungen. Nur etwa 20 % des Beitrags werden als Umlage für die mitversicherte Hinterbliebenen- und Erwerbsunfähigkeitsrente abgezweigt. Versorgungswerke sind also ein Mischsystem aus Kapitaldeckung und Umlageverfahren. Die Rendite ist deshalb höher als die der gesetzlichen Rentenversicherung.

Außerdem arbeiten in der Regel Freiberufler länger als gesetzlich Versicherte. Auch das wirkt sich günstig auf die spätere Rente aus.

Aber auch die Mitglieder eines Versorgungswerks müssen künftig mit Rentenkürzungen rechnen, da sich die steigende Lebenserwartung auch hier auswirken wird.

> **Wichtig:**
> Viele Freiberuflerinnen, die in ein Versorgungswerk einzahlen, denken, dass sie durch die darin enthaltene Berufsunfähigkeitsversicherung gut abgesichert sind. Das ist aber leider nicht der Fall. Die BU der Versorgungswerke zahlt erst bei 100 % Berufsunfähigkeit, wenn also jemand überhaupt nicht mehr arbeiten kann, während die private BU in der Regel schon ab 50 % bezahlt.

Die Beamtenversorgung

Beamtinnen und Beamte gehören ebenfalls zu einem besonderen Kreis mit einer völlig anderen Versorgung als Angestellte. Sie müssen keine Beiträge an die gesetzliche Rentenversicherung entrichten, sondern erhalten statt einer Rente eine zu versteuernde Pension, die aus dem öffentlichen

Haushalt des Dienstherrn gezahlt wird. Die Höhe der Pension ist abhängig vom zuletzt verdienten Bruttogehalt und von der Zahl der geleisteten Dienstjahre.

Gesetzlich Versicherte und Mitglieder von Versorgungswerken werden jährlich schriftlich über den Stand ihrer Altersversorgung informiert. Bei Beamten ist dies nicht der Fall. Wir erleben deshalb oft in Beratungen, dass Beamte die Höhe ihrer Pension nicht kennen und deshalb Probleme haben abzuschätzen, was sie ergänzend für ihre Altersversorgung tun müssen.

Sie können sich aber im Internet Ihre künftige Pension ausrechnen. Möglich ist das zum Beispiel unter www.beamtenversorgung.nrw.de. Auch Beamte aus anderen Bundesländern haben Zugang zu diesem Programm, ohne Benutzernamen oder Kennwort.

Was viele nicht wissen:
Auch Beamte können einen Riester-Vertrag abschließen und erhalten staatliche Zulagen.

Kapitel 7

Und jetzt geht's zur Kür: Alles über Geldanlagen für Ihre Vermögensplanung

Sie wissen nun, wie Sie sich gegen existenzielle Risiken absichern können und wie Sie Ihre Ausgaben in den Griff bekommen.

Die Grundsätze der Vermögensplanung haben Sie ebenfalls kennengelernt. Und dazu noch die Basis aller Geldanlagen, die gesetzliche Altersversorgung und ihre Varianten für verschiedene Berufsgruppen, das Pflichtprogramm sozusagen.

Nun wird's richtig interessant, denn jetzt geht es um die Kür, also um die Bausteine, die Sie zu Ihrer **privaten** Vermögensplanung brauchen.

Sie möchten also Geld »auf die hohe Kante« legen!

Wissen Sie, woher diese Redewendung kommt? Im Mittelalter gab es noch keine Banken. Wenn also jemand Geld hatte, wurden die Taler einfach auf die hohe Kante gelegt. Das war ein Brett hoch über dem Kopfende des Bettes. Der Vorteil lag darin, dass Diebe nur über den Schlafenden hinweg an den Schatz hätten kommen können, und das wäre mit Sicherheit nicht so einfach gewesen. Je wohlhabender jemand war, desto mehr hatte er auf der hohen Kante. Bis heute wird dieser Begriff für sparen verwendet.

Die Leute im Mittelalter waren also gar nicht so dumm. Nur, Zinsen bekamen sie für ihr Geld auf der hohen Kante leider nicht.

Wir haben heute natürlich ganz andere Möglichkeiten, unser Geld sicher anzulegen und dazu noch gewinnbringend. Aber warum lassen dann so viele Leute ihr Geld unverzinst auf Girokonten herumliegen?

Der Milliardenschatz

Auf Geld, das auf Girokonten liegt, gibt es bei den meisten Banken keine Zinsen. Und wenn doch, dann mickrige 0,15 bis 0,50 %. Unvorstellbar, dass Bankkunden in Deutschland trotzdem fast 200 Milliarden Euro auf einem privaten Girokonto liegen haben. Bis zu 2,5 Milliarden Euro im Jahr verschenken die Bundesbürger, weil sie ihr Geld vom Girokonto nicht auf besser verzinste Tagesgeldkonten übertragen.

Sie machen also nur Ihrer Bank eine Freude, wenn Sie zu viel Geld auf Ihrem Girokonto liegen lassen. Deshalb sollten Sie ausschließlich den Betrag dort deponieren, der regelmäßig abgebucht wird, plus ein Guthaben für Ihre Bargeldabhebungen und Einkäufe, die mit Girocard bezahlt werden.

Das Girokonto – wichtig, aber keine Geldanlage

Der bargeldlose Zahlungsverkehr ist inzwischen Normalität geworden. Deshalb geht ohne Girokonto gar nichts. Dort geht Ihr Gehalt ein, und es dient allen bargeldlosen Abbuchungen für Miete, Strom usw.

Mittlerweile bieten immer mehr Banken kostenlose Girokonten an. Bei vielen Filialbanken ist das allerdings gebunden an einen monatlichen Geldeingang in bestimmter Höhe, manche Internetanbieter verzichten auf solche Bedingungen.

Anders als beim Girokonto geht's im Folgenden um richtige Geldanlagen:

Tagesgeld

Der Kühlschrank geht kaputt, eine Autoreparatur steht an. Damit Sie nicht den teuren Dispokredit in Anspruch nehmen müssen, brauchen Sie ein Sparkonto. Hervorragend geeignet ist dafür ein Tagesgeldkonto, denn hier ist Ihr Geld täglich verfügbar, und es gibt gute Zinsen für Ihr Guthaben. Zwei bis drei Nettogehälter sollten darauf zur Verfügung stehen. Es kann aber nicht wie das Girokonto für den laufenden Zahlungsverkehr eingesetzt werden.

Die Zinsen sind variabel, können also von der Bank jederzeit angepasst werden, nach oben oder unten, je nachdem, wie sich die Kapitalmarktzinsen entwickeln.

Tagesgeldkonten sind der ideale Park- und Sammelplatz für freie Gelder, die in absehbarer Zeit für einen bestimmten

Zweck benötigt werden, wenn also das Geld relativ schnell und ohne Verlustrisiko zur Verfügung stehen soll. Gebühren fallen hier nicht an.

Festgeld

Im Gegensatz zum Tagesgeldkonto hat ein Festgeldkonto eine feste Laufzeit, die Sie mit der Bank vereinbaren. Sie können Ihr Geld für vier Wochen oder auch für ein, zwei Jahre dort parken, wenn Sie in absehbarer Zeit beispielsweise ein Auto oder Möbel kaufen wollen, für einen Urlaub sparen oder einen Kredit tilgen möchten. Wichtig ist es zu wissen, dass Sie über das Geld während der vereinbarten Anlagezeit nicht verfügen können. Die Laufzeit des Festgeldes sollte also gut zu Ihren Zielen passen.

Die Zinsen sind während der vereinbarten Anlagezeit fest. Gebühren kostet das Festgeld nicht.

Fragen Sie nach, ob sich das Festgeld nach Ablauf der vereinbarten Zeit automatisch verlängert, wenn Sie den Termin übersehen haben. Sie müssten dann daran denken, es rechtzeitig zu kündigen.

> **Tagesgeld- und Festgeld-Hopping**
> **Achtung: erhöhtes Unfallrisiko!**
> Auch bei so harmlosen Anlagen wie Tagesgeld und Festgeld gilt es aufzupassen. Es gibt immer wieder sehr verlockende Angebote ausländischer Banken mit Zinsen, die kaum eine deutsche Bank bietet. Warum? Der deutsche Markt ist heiß umkämpft bei Banken,

weil bekannt ist, dass die Deutschen Schnäppchenjäger sind. Viele ausländische Banken möchten deshalb in Deutschland Fuß fassen, und das tun sie eben mit diesen traumhaft verzinsten Tagesgeldkonten.

Höhere Zinsen – die Gründe sind leicht zu durchschauen

Hier noch einmal in aller Deutlichkeit: Zinsen sind Kosten – für jedes Unternehmen. Warum also sollte eine Bank mehr davon zahlen als ein Konkurrenzunternehmen? Das tut sie nur, wenn sie auf dem deutschen Markt Kunden gewinnen will und vorübergehend die Zinsen subventioniert (der günstigste Fall). Oder wenn sie höhere Zinsen zahlen MUSS, weil ihre Bonität, also ihre Kreditwürdigkeit, zu wünschen übrig lässt und sonst niemand dort Geld anlegen würde (der kritische Fall).

Wie sicher ist mein Geld auf der Bank?

Die gesetzliche Einlagensicherung ist EU-Recht und greift bei einer Bankenpleite pro Person mit maximal 100 000 Euro. Das gilt für Geld auf Girokonten, für Tagesgeld, Festgeld oder Sparbriefe und die Zinsen daraus. Vorteil der meisten deutschen Banken oder Sparkassen: Ihre Kunden sind darüber hinaus an freiwillige Sicherungssysteme angeschlossen und dadurch meist in Millionenhöhe abgesichert. Bei großen Banken jedenfalls ist das so. Bei kleineren Instituten sollten Sie, bevor Sie Geld anlegen, die Höhe der Absicherung erfragen.

Auch bei ausländischen Banken müssen Sie nachfragen.

Wenn eine dieser Banken eine Tochter hat, die als deutsche Bank zugelassen ist, dann sind die Einlagen dort durch die deutsche gesetzliche Einlagensicherung geschützt, also bis zu 100 000 Euro.

Ob diese Bank dann aber auch Mitglied im freiwilligen Einlagensicherungsfonds ist, über den viel höhere Guthaben abgesichert sind, müssen Sie erfragen oder auf der Internetseite des Bundesverbands deutscher Banken nachschauen (www. bankenverband.de).

Das ist wichtig, denn einige ausländische Banken betreiben in Deutschland nur eine Niederlassung. In diesem Fall ist in der Regel die Einlagensicherung des Heimatlandes zuständig, und die kann sehr unterschiedlich ausfallen. Innerhalb der EU werden aber mindestens 100 000 Euro garantiert.

Was problematisch sein kann

Im Falle einer Pleite müssen Sie Ihre Forderung an die ausländische Bank in dem Land geltend machen, in dem diese an die Einlagensicherung angeschlossen ist. Und das auf jeden Fall in englischer oder sogar in der Landessprache.

Außerdem damit verbunden

Eine Überweisung ins Ausland, Legitimierung per PostIdent-Verfahren (Prüfung der Identität durch persönliches Erscheinen und Vorlage des Ausweises bei einer Postfiliale), Neuberechnung und Änderung des Freistellungsauftrags, Angabe persönlicher Daten, neue PIN-Nummer usw.

Auf den folgenden Seiten geht's nun um die Bausteine für die mittel- bis längerfristige Geldanlage.

Bausparen

Fast hundert Jahre alt und kein bisschen spießig!
Auch wenn das Image nicht besonders cool sein mag: Bausparverträge gehören zu den besonders sicheren Geldanlagen und garantieren günstige Kredite.

Bausparen – wie funktioniert das?

Es ist wie eine Art Generationenvertrag: Während die einen sparen, bauen die anderen mit diesem Geld. In der Ansparphase sammeln Sie monatlich oder mit einer einmaligen Einzahlung Eigenkapital für einen Immobilienkauf an – egal, ob Wohnung oder Haus, ob Neukauf, Umbau oder Renovierung. Zugleich sichern Sie sich den Anspruch auf ein zinsgünstiges Darlehen.

Ein Beispiel: Wenn Sie zehn Jahre lang monatlich 200 Euro in einen Bausparvertrag einzahlen, bekommen Sie die hübsche Summe von 61 657 Euro ausgezahlt, davon 36 360 Euro als Darlehen, das Sie in 15 Jahren mit monatlich 267 Euro zurückzahlen müssen (effektiver Jahreszins: 4,13 %).

Bedingung für die Auszahlung eines solchen Bauspardarlehens ist allerdings, dass Sie das Mindestguthaben angespart haben – das sind je nach Tarif 40 oder 50 % der Bausparsumme. Außerdem müssen Sie eine mehrjährige Wartefrist einhalten. Die Dauer der Wartefrist hängt von dem Tarif ab, den Sie gewählt haben. Erst wenn diese Voraussetzungen erfüllt sind, ist der Vertrag zuteilungsreif. Das heißt, Guthaben plus Darlehen werden an Sie ausgezahlt.

Pluspunkt: günstiges Baudarlehen

Niemand kann davon ausgehen, dass die Zinsen dauerhaft im Keller bleiben. Kredite zur Baufinanzierung könnten also in einigen Jahren deutlich teurer werden. Deshalb ist es für alle, die einen Wohnungs- oder Hauskauf planen, durchaus sinnvoll, möglichst bald einen Bausparvertrag abzuschließen und sich das äußerst zinsgünstige Darlehen langfristig zu sichern.

Minuspunkt: wenig Guthabenzinsen fürs Angesparte

Zurzeit sind das gerade mal zwischen 1 und 1,5 % Zinsen. Das ist wenig erfreulich. Aber dies dürfte nicht allzu schwer wiegen, weil es für ähnlich sichere Anlagen (wie etwa Tages- oder Festgeld) derzeit nicht wesentlich mehr gibt. Der Guthabenzins bleibt während der Laufzeit gleich – auch dann, wenn das allgemeine Zinsniveau steigt.

Unterm Strich: positive Bilanz

- Sie können bei Ihrer Einnahmen- und Ausgabenrechnung gut kalkulieren, denn Sie wissen schon beim Immobilienkauf, welche Zins- und Tilgungsleistungen später einmal auf Sie zukommen werden.
- Sie können sicher sein: Der niedrige Darlehenszins ist für die gesamte Laufzeit garantiert.
- Sie können bei Bauspardarlehen jederzeit Sondertilgungen leisten – und zwar kostenfrei! Zum Beispiel, wenn andere Sparverträge fällig werden oder wenn bei Ihnen eine Erbschaft ins Haus steht. Sie sitzen also nicht bis zum Ende der Zinsbindung fest, wie das sonst bei Bankdarlehen üblich ist.
- Sie können mit einem Bauspardarlehen auch eine Wohnung instandsetzen oder modernisieren, z. B. Wandschränke, WC oder Waschbecken einbauen oder Parkett, Fliesen oder Teppichboden verlegen lassen. Wichtig ist nur, dass die Einbauten fest mit dem Gebäude verbunden sind.
- Sie können ein Ferienhaus erwerben.
- Sie können den Bausparvertrag auch nutzen, um Miterben auszuzahlen, wenn Sie mit anderen zusammen eine Immobilie geerbt haben, oder die bei Ihnen anfallende Erbschaftssteuer damit begleichen.

- Sie können beruhigt sein: Bauspareinlagen sind über die gesetzliche Einlagensicherung und einen freiwilligen Sicherungsfonds vor Insolvenz geschützt. Das heißt, sie sind in unbegrenzter Höhe abgesichert.

Nur zum Sparen – Bausparen ohne Darlehen

Wenn Sie später kein Darlehen in Anspruch nehmen möchten oder keines brauchen, gibt es bei einigen Bausparkassen Tarife mit höheren Guthabenzinsen, bei manchen sogar bis zu 4%. Voraussetzung ist, dass Sie den Vertrag mindestens sieben Jahre lang behalten. Damit Sie sehen, was dabei herauskommen kann: Wenn Sie monatlich 100 Euro in so einen gut verzinsten Bausparvertrag einzahlen, dann haben Sie nach sieben Jahren ein Guthaben von ca. 9 600 Euro. Ein lukrativer Sparvertrag für den Führerschein oder die erste Wohnungsausstattung!

Fonds (Investmentfonds)

Wenn es sie nicht gäbe, müsste man sie dringend und ganz schnell erfinden. Denn das Prinzip ist so einfach wie genial: Viele Anleger zahlen Geld in einen gemeinsamen Topf, den Fonds. Das Geld wird von Fachleuten, den Fondsmanagern, verwaltet. Kein Anleger braucht viel Geld, um in einen Fonds zu investieren, und keiner muss viel von Geldanlagen verstehen!

1835 haben drei Banker in Schottland den ersten Aktienfonds gegründet. Weil sie der Meinung waren, dass es nicht richtig ist, wenn nur Reichen lukrative Geldanlagen zur Verfügung stehen. Und weil sie wussten, dass sich das Risiko von Aktien durch eine breite Streuung auf viele verschiedene Aktien deutlich verringert.

Mittlerweile gibt es Tausende von Fonds in Deutschland. Sie können über Fonds in deutsche, europäische oder weltweite Aktienmärkte investieren. Oder in Rohstoffe, erneuerbare Energien, in Immobilien oder in Mischformen, ganz nach Risikoneigung. Es gibt kaum ein Anlageziel, das Sie nicht mit einem Fonds abdecken können.

Und das sind die häufigsten Fragen, die uns zu Fonds gestellt werden:

Sind Fonds denn sicher?

Die Anlagen und die Verwaltung eines Fonds unterliegen den strengen Vorschriften der Wertpapieraufsicht und der Gesetzgebung. Die Gelder der Anleger fließen nicht in die Kasse der Fondsgesellschaft, sondern auf ein Sonderkonto bei einer sogenannten Depotbank und werden für jeden Fonds als Sondervermögen ausgewiesen. Auf die Anlegergelder hat weder die Fondsgesellschaft noch das Fondsmanagement einen Zugriff. Das Fondsvermögen gehört ausschließlich den Anlegern und bleibt selbst im Fall der Insolvenz unangetastet.

Und wie ist es mit der Transparenz?

Sie können vor jeder Investition im Fondsprospekt und Rechenschaftsbericht genau nachlesen, wo die Anlageschwerpunkte des jeweiligen Fonds liegen und in welche Wertpapiere oder Immobilien das Geld investiert ist. Im Fondsbericht, der halbjährlich erscheint, sind jede Aktie, jedes Rentenpapier, die einzelnen Immobilien und sonstige Anlagen, alle Kosten und auch das im Fonds vorhandene Bargeld detailliert aufgeführt.

Die Ausgabe- und Rücknahmepreise werden börsentäglich in den großen Tageszeitungen veröffentlicht. Und sie können natürlich über das Internet abgerufen werden. Sie sehen also jederzeit, wie sich Ihr Fonds entwickelt. Die Fondsergebnisse und Fondsvergleiche werden außerdem in regelmäßigen Abständen in großen Wirtschaftszeitungen publiziert.

Wie flexibel sind Fonds?

Fonds sind eine der flexibelsten Anlageformen überhaupt. Bereits ab 25 Euro im Monat können Sie mit einem Sparplan oder ab 500 Euro einmalig in einen Fonds investieren. Sie können beides kombinieren und zusätzlich, wann immer Sie wollen, unregelmäßige Zuzahlungen leisten.

Und es kommt noch besser: Es gibt keine festgelegte Laufzeit, weder bei Sparplänen noch bei einer Einmalanlage. Und auch keine Kündigungsfristen, das heißt: Sie können innerhalb von wenigen Tagen über Ihr Geld verfügen. Ausnahmen sind im Fondsprospekt vermerkt.

Was kostet mich das Ganze?

Umsonst gibt es das alles natürlich nicht. Beim Kauf eines Fonds fällt der Ausgabeaufschlag an, der je nach Art des Fonds zwischen 1 und 6 % liegen kann. Die Verwaltungsgebühren werden jährlich aus dem Fondsvermögen bezahlt.

Für die Verwahrung der Fondsanteile wird von der Depotbank in der Regel eine jährliche Gebühr erhoben.

In den Medien werden Fonds oft mit dem Hinweis erwähnt, dass sie doch am besten über eine Direktbank gekauft werden sollten, weil es da Rabatte gibt auf die Ausgabeaufschläge. Richtig ist daran, dass der Kauf eines Fonds über eine Direktbank wirklich günstiger ist. Nicht erwähnt wird aber, was das für Sie heißt, nämlich:

- Sie müssen die Fonds selbst aussuchen,
- Sie müssen sich selbst um die Anlage kümmern und sie im Blick behalten,
- Sie haben keine Ansprechpartner, die Ihre Fragen beantworten oder Ihnen helfen, wenn Sie Hilfe brauchen.

Es gibt also KEINE BERATUNG und KEINE BETREUUNG! Möchten Sie das wirklich?

Diese Fonds sind zum Aufbau eines Vermögens am besten geeignet:

Aktienfonds

Sie gehören in jedes langfristige Depot! Denn Aktienfonds bieten die Chance auf eine hohe Rendite und ergänzen andere, »ruhigere« Anlageformen optimal. Wichtig ist aber, dass für das dort investierte Geld eine längere Anlagezeit zur Verfügung steht. Warum? Aktienfonds haben ein größeres Risiko, das heißt, dass die Anleger mehr oder weniger starken Kursschwankungen ausgesetzt sind. Aber gerade jüngere Anleger, die sehr lange investiert bleiben können, profitieren von einem langen Atem und den sehr guten Ertragschancen, die keine andere Anlageform zu bieten hat. Denn gute Aktienfonds können zwischenzeitliche Kursverluste schnell wieder aufholen und belohnen mit einer außergewöhnlichen Rendite fürs Durchhalten!

Nicht von ungefähr gibt es mehrere Tausend Aktienfonds, denn die Investitionsmöglichkeiten sind schier unbegrenzt. Grundsätzlich gilt: Je enger das Anlageuniversum eines Fonds, desto riskanter ist er. Ein Länderfonds, der ausschließlich in Unternehmen eines einzigen Landes investieren kann, ist riskanter als ein Fonds, der die Möglichkeit hat, auch in anderen Gebieten und Regionen anzulegen. Gibt es in einem Land Probleme, wird eben dort nicht investiert, bis sich die Lage bessert. Ein echter Länderfonds darf nur in dem Land anlegen, für das er zugelassen ist. Ein Russland-Fonds darf also ausschließlich in Russland investieren, und er muss dort auch investiert bleiben, egal, was passiert.

Ebenso verhält es sich mit Fonds, die auf bestimmte Branchen, Themen oder Sektoren begrenzt sind. Beispiele: Gesundheit, Biotechnologie, Goldminen, Luxusmarken usw. Die Anleger setzen sich den mitunter heftigen Schwankungen dieses jeweiligen Sektors aus, nutzen aber natürlich auch dessen Chancen.

Vorsicht: Oft wird ein gerade beliebter Trend in einen Themenfonds geschnürt und massenhaft verkauft. Ist der Trend vorbei, geht es oft auch mit dem Fonds bergab. Überlegen Sie also immer, ob sich die Idee, die dahintersteht, auch langfristig lohnt.

Glücklicherweise gibt es jede Menge Aktienfonds, die ihre Investitionen sehr viel breiter streuen und damit auch das Risiko der Anleger. Neben Europafonds, Asienfonds und weltweit anlegenden Aktienfonds gibt es welche, die eine Anlage in mehrere der aufstrebenden und vielversprechenden Schwellenländer ermöglichen. Rohstoffreich und mit einer jungen Bevölkerung, die möglichst schnell auf westliche Standards aufholen will, werden diese Länder in den nächsten Jahrzehnten immer mehr Gewicht bekommen. Sogenannte Emerging-Markets-Fonds versuchen, langfristig von dieser spannenden Entwicklung zu profitieren.

Entscheidend für die Wertentwicklung von Aktienfonds sind der Aktienkurs der jeweiligen Unternehmen, der an jedem Börsentag festgestellt wird, und die Höhe der Dividenden, die diese Unternehmen jährlich ausschütten. Neben Regionen und Sektoren spielen daher auch die Größen der Unternehmen eine Rolle, in die investiert wird. Etablierte Großunternehmen (Blue Chips) bieten in der Regel mehr Sicherheit und eine höhere Dividende als kleinere Unternehmen (Mid Caps und Small Caps). Diese aber haben oft geniale Geschäftsideen und bieten langfristig die Chance auf hohe Gewinne. Außerdem sind sie beweglicher, das heißt, Unternehmensentscheidungen können schneller umgesetzt werden. Das macht kleinere Unternehmen anpassungsfähiger an die veränderten Anforderungen der Märkte als die großen Unternehmen.

Sie sehen schon, es ist wichtig, dass jemand sich mit der Auswahl der Unternehmen besonders gut auskennt, diese regelmäßig prüft und bewertet, tagtäglich die Entwicklung im Auge hat und, wenn es sein muss, im Sinne des Fonds eingreift. Sehr oft arbeiten viele Analysten und Spezialisten an der optimalen Zusammensetzung des jeweiligen Fonds.

Fazit:

Wer noch lange Zeit hat und in schlechten Börsenzeiten keine kalten Füße bekommt, der ist mit Aktienfonds gut beraten. Bei der Fondsauswahl sollten Sie sich aber helfen lassen. Hier kann man aufgrund der Angebotsfülle und der oft sehr schlauen Marketingmaschinerie sehr schnell danebengreifen. Die wahren Perlen liegen eben selten »auf Augenhöhe im Regal«.

Rentenfonds

Diese Fonds legen in festverzinslichen Wertpapieren an, die auch Rentenpapiere genannt werden. Der internationale Begriff dafür ist Bonds. Darunter fallen Bundesschatzbriefe, Pfandbriefe, Inhaberschuldverschreibungen, Staatsanleihen, Unternehmensanleihen. Festverzinsliche Wertpapiere haben eines gemeinsam: Sie bieten in der Regel einen festen Zins über eine bestimmte Laufzeit.

Ob ein Rentenfonds eine sichere Anlage ist oder eher eine riskantere, hängt von der Mischung ab. Denn auch bei Rentenfonds gibt es große Unterschiede. Die Bandbreite reicht von eher harmlosen Geldmarktfonds, die für kurzfristige Gelder eine Parkmöglichkeit darstellen, über sogenannte Kurzläufer, die ausschließlich Papiere mit kurzen Laufzeiten aufnehmen, bis zu Euro-Rentenfonds. Diese konzentrieren sich auf Rentenpapiere, die auf Euro lauten, Sie gehen damit also kein Währungsrisiko ein.

Darüber hinaus gibt es global investierende Rentenfonds und Rentenfonds, die z. B. auf Unternehmensanleihen mit hohem Zins, aber geringerer Kreditwürdigkeit setzen (sogenannte High-Yield-Fonds). Je ausgefallener die Konstruktion, desto höhere Chancen bieten sich, bei natürlich entsprechend erhöhtem Risiko. Weil es weltweit eine Unmenge an festverzinslichen Wertpapieren mit unterschiedlichster Ausrichtung gibt, sind Rentenfondsmanager gesuchte Spezialisten.

Sowohl Kursschwankungen als auch Ertragschancen fallen bei Rentenfonds im Allgemeinen sehr viel geringer aus als bei Aktienfonds. Daher sind sie für Anleger geeignet, die wenig Risiko eingehen können oder wollen oder nicht allzu viel Zeit haben. Ruhigere Rentenfonds können auch als Ausgleich zu schwankungsreichen Aktienfonds im Depot dienen.

Mischfonds

Die gemischten Fonds haben sowohl Aktien als auch Rentenpapiere im »Topf«. Sie sind geeignet für Anleger, die zwar einen kleineren Teil in Aktien investieren wollen, aber kein größeres Risiko eingehen möchten. Viele Mischfonds haben feste Quoten für den Aktienanteil und den Rentenanteil, zum Beispiel 50/50 oder 25/75 %. Das heißt, so ein Fonds investiert zu 50 % oder auch nur zu 25 % in Aktien und zu weiteren 50 oder eben 75 % in Rentenpapiere. Diese Quoten dürfen nicht verändert werden.

Der Nachteil: Wenn die Aktienkurse an den Börsen fallen, dann haben Mischfonds mit starrer Aktienquote von beispielsweise 50 % ebenfalls Verluste zu verzeichnen! Vom Aktienmarkt beeinflusste Schwankungen bleiben bei dieser Fondsart also auch nicht aus.

Aber, die Entwicklung ist hier nicht stehen geblieben, wie Sie im nächsten Absatz lesen!

Vermögensverwaltende Fonds

Sie wünschen ihn sich auch? Einen professionellen Vermögensverwalter, der Ihr Geld sicher durch alle Marktphasen balanciert und auch noch erschwinglich ist! Vermögensverwaltende Fonds bieten genau das: eine Vermögensverwaltung für alle, die eine pflegeleichte Anlage suchen, aber nicht volles Risiko gehen wollen.

Sie stellen eine Art Weiterentwicklung der oben beschriebenen Mischfonds dar und haben sich in den letzten turbulenten Jahren ausgezeichnet bewährt.

Was ist anders als bei normalen Mischfonds?

Vermögensverwaltende Fonds können je nach Ausrichtung in völlig unterschiedliche Anlageklassen wie Aktien, Renten, Rohstoffe, Immobilien, Wald, Edelmetalle und in andere Investmentfonds etc. in unterschiedlicher Gewichtung investieren. Warum? Die einzelnen Anlageklassen laufen nicht alle im Gleichklang und können sich auf diese Weise optimal ergänzen. Eine Vermögensverwaltung bringt also Investments zusammen, deren Entwicklung möglichst unabhängig voneinander stattfindet, und genau das wird genutzt.

Der wahre Schlüssel zum Erfolg aber ist eine flexible Quote für alle Anlageklassen und vor allem die Möglichkeit, auch einmal nicht investiert zu sein!

Beispiel: Aktien

Bei einem Börsencrash kann das Fondsmanagement sich sehr schnell komplett aus den Aktien zurückziehen (sie also verkaufen) und abwarten, bis sich die Kurse wieder stabilisieren. Die Aktienquote ist dann eben über eine bestimmte Zeit sehr gering oder gar bei null! Haben sich die Börsen wieder beruhigt, werden wieder Aktien zugekauft und die starken Kursanstiege mitgenommen, die oft auf Krisen folgen. Die herben Verluste aber, die ein Börsencrash mit sich bringt, werden dadurch effektiv gemindert.

Vermögensverwaltende Fonds können auf diese Weise die Anleger besser vor Verlusten schützen, in guten Zeiten aber stabile Erträge erwirtschaften. Das eröffnet Chancen und begrenzt Risiken für die Anleger.

Mittlerweile gibt es eine beachtliche Auswahl an empfehlenswerten vermögensverwaltenden Fonds in unterschiedlichster Zusammenstellung. Manche sind eher defensiv-konservativ ausgerichtet, andere kommen sehr »sportlich« daher. Eine Kombination ist immer sinnvoll!

Auch gibt es einige, die mit dieser sehr umfassenden Managementaufgabe überfordert sind oder schlichtweg das Etikett vermögensverwaltend nur benutzen! Hier ist eine unabhängige Beratung unbedingt erforderlich!

Offene Immobilienfonds

Mit einer Investition in offene Immobilienfonds legen Sie Ihr Geld in ausgesuchten Gewerbeimmobilien in Top-Lagen an. Die meisten dieser Fonds wählen nicht nur Immobilien im Inland, sondern auch im Ausland, wie z. B. im Zentrum von Paris, in Wien, in Singapur und vielen anderen Ländern. So ist zum Beispiel das berühmte Flatiron Building in New York Teil eines Fonds.

Die Investition in anderen Ländern lohnt sich, denn dort können häufig höhere Miet- und Verkaufsrenditen erzielt werden. Und es gibt Steuerabkommen, die sich für Anleger steuerlich günstig auswirken. Offene Immobilienfonds bieten obendrein einen guten Schutz gegen Inflation, denn für Gewerbeimmobilien werden meist langfristige und indexierte Mietverträge abgeschlossen. Das heißt, dass die Mieten mit der Inflationsrate steigen.

Der größte Vorteil aber liegt darin, dass Anleger mit geringen finanziellen Mitteln einen Teil ihres Vermögens ganz unkompliziert in der interessanten Anlageklasse Immobilien anlegen können.

Der Ertrag eines offenen Immobilienfonds kommt durch Miet- und Zinseinnahmen zustande. Aber auch die in der Regel steuerfreien Verkaufserlöse der Immobilien tragen zum jährlichen Gewinn bei. Anleger, die eine stabile Anlageform mit geringem Risiko suchen, die auch noch hohe und teilweise steuerfreie Erträge bieten kann, sind hier also clever investiert.

Offene Immobilienfonds in der jüngsten Krise

In über 50 Jahren waren sie genau das, was man mit einem Immobilieninvestment verbindet: sicher, solide, lukrativ und steuergünstig. In der jüngsten Vergangenheit aber hatten sie es nicht leicht.

In der Finanzkrise 2008 bekamen viele Großinvestoren und Anleger Panik und zogen in kurzer Zeit sehr viel Geld aus den Fonds ab. Weil aber offene Immobilienfonds nur über eine bestimmte Bargeldreserve verfügen dürfen, mussten einige offene Immobilienfonds einen historischen Schritt gehen. Sie mussten schließen! Denn Immobilien kann man ja nicht von heute auf morgen zu einem guten Preis im Sinne der Anleger verkaufen.

Das ist heute aber Geschichte: Die offenen Immobilienfonds, die diese Turbulenzen überstanden haben, können auf eine lange und sehr erfolgreiche Zeit zurückblicken und bieten vorsichtigen AnlegerInnen immer noch eine sehr gute Möglichkeit, ihr Geld konservativ und lukrativ anzulegen. Seit Kurzem regelt ein neues Gesetz diese Anlageform und verhindert, dass sich so ein Desaster wiederholen kann.

Fondssparpläne – automatische Risikostreuung

Eine sehr gute Methode, um mit langfristiger Perspektive Geld anzusparen, ist ein Fondssparplan. Besonderer Vorteil: der sogenannte Cost-Average-Effekt. Cost Average heißt übersetzt Durchschnittskosten. Noch wichtiger ist dabei aber der Risikodurchschnitt.

Wie geht das?

Sie zahlen z.B. monatlich immer dieselbe Summe in Ihren Fondssparplan ein. Der Preis für einen Fondsanteil wird täglich neu festgelegt und kann – abhängig von der Art des Fonds – mehr oder weniger schwanken. Das heißt, Sie bekommen für Ihr Geld immer unterschiedlich viele Fondsanteile und machen marktwirtschaftlich automatisch alles richtig: viel kaufen, wenn es billig ist, wenig kaufen, wenn es teuer ist. Antizyklisch heißt das im Finanzjargon.

Außerdem: Sie zahlen bei fallenden Kursen weiter ein. Das zahlt sich bei steigenden Kursen wieder aus. Hier ist der Automatismus ein wichtiger Vorteil, denn nur die wenigsten haben die Nerven, bei fallenden Kursen Anteile zu kaufen.

Ein Beispiel

In drei verschiedene Fonds – A, B und C – werden monatlich 100 Euro eingezahlt. Der Sparplan läuft über ein Jahr.

Die Tabelle zeigt die Kurse jeweils zum Monatsbeginn.

	Jan.	Feb.	März	April	Mai	Juni	Juli	Aug.	Sept.	Okt.	Nov.	Dez.
Fonds A	10,0	10,0	11,0	11,0	11,0	11,5	12,0	12,0	12,0	13,0	13,0	13,0
Fonds B	10,0	9,0	8,0	8,0	8,0	8,0	9,0	9,0	9,0	9,0	9,0	10,0
Fonds C	10,0	9,0	8,0	7,0	6,0	5,0	5,0	6,0	6,0	7,0	8,0	8,0

Die Fondsergebnisse nach dem einen Jahr wären:

Fonds A: plus   30 %

Fonds B: + / –   0 %

Fonds C: minus   20 %

Und wie sähe Ihr Kontostand aus?

> **Fonds A:** 104,06 Anteile à 13,00 Euro = 1 352,78 Euro, Rendite 12,73 %

> **Fonds B:** 136,66 Anteile à 10,00 Euro = 1 366,60 Euro, Rendite 13,88 %

> **Fonds C:** 177,15 Anteile à 8,00 Euro   = 1 417,20 Euro, Rendite 18,10 %

Bei monatlicher Besparung war der am Ende schlechteste Fonds also der beste.

Wenn Sie sich für einen Fondssparplan entscheiden, sollten Sie sich diesen Effekt klarmachen und ihn gezielt nutzen – das bedeutet auch, den Sparplan nicht zu kündigen, nur weil die Kurse schwanken. Denn damit verschenken Sie den besonderen Vorteil dieser Anlageform.

Am besten nutzen Sie den Cost-Average-Effekt mit einer Anlage, die wirklich schwankt, z. B. mit einem Aktienfonds. Bei schwankungsarmen Fonds, wie z. B. offenen Immobilienfonds, gibt es den Cost-Average-Effekt nicht.

Mit KIIDs die wichtigsten Infos über Fonds

Seit dem 1. Juli 2011 gibt es für Investmentfonds ein leicht verständliches Informationsblatt. Damit bekommen Sparer schnell und einfach einen Überblick über die wichtigsten Eckpunkte, wie Ertragsmöglichkeiten und Kosten eines Fonds. Die sogenannte Wesentliche Anlegerinformation (Key Investor Information Document, kurz KIID) fasst alles, was für eine Anlageentscheidung relevant ist, kurz, knapp und leicht verständlich auf zwei DIN-A4-Seiten zusammen.

Neben formalen Angaben gehören zum Inhalt eine Übersicht der Ziele, der Anlagepolitik des jeweiligen Fonds und des Risiko- und Ertragsprofils. Darüber hinaus gibt das KIID Informationen zur Wertentwicklung in der Vergangenheit. Das Papier soll Sparern helfen, einen Fonds zu verstehen, ihn mit anderen Fonds zu vergleichen und die Entscheidung zu erleichtern, ob er zu den eigenen Anlagezielen passt. Das KIID ersetzt den sogenannten vereinfachten Verkaufsprospekt.

Private Rentenversicherung

Auch wenn es sie schon seit über 100 Jahren gibt – altersschwach ist sie noch lange nicht. Und sie ist besser als ihr Ruf. Dabei wird an ihr herumgemäkelt in den Medien, was das Zeug hält: zu teuer, zu bieder, zu unflexibel, zu wenig Rendite usw. Doch der Staat fördert steuerlich besonders Rentenversicherungen, in welcher Form auch immer. Auch der Gesetzgeber weiß, dass eine private Rentenversicherung kein Renditeturbo ist, wie es beispielsweise Aktienfonds sein können, dass sie aber als sicheres Standbein und private Basisabsicherung nicht zu schlagen ist. Denn sie ist die einzige Geldanlage, mit der das sogenannte Langlebigkeitsrisiko abgedeckt werden kann.

Was heißt da Langlebigkeitsrisiko – es ist doch schön, wenn wir alle ganz alt werden, oder?, fragen Sie vielleicht. Und wir meinen, natürlich kann das schön sein, aber doch nur, wenn die Kasse stimmt, wenn also auch tatsächlich bis ans Ende des Lebens Geld fließt.

Wie funktioniert's?

Rentenversicherungen sind überschaubare Produkte: Sie können monatlich oder jährlich regelmäßige Beiträge einzahlen. Oder Sie setzen eine einmalige Summe ein. Auch jährliche Zuzahlungen sind möglich. Das ist gerade für junge Leute interessant, denn sie können den laufenden monatlichen Beitrag vorsichtig ansetzen, aber mit jährlichen Zuzahlungen die spätere Rente erhöhen.

Es gibt verschiedene Modelle bei Rentenversicherungen:

Die klassische Rentenversicherung

Hier gibt es eine garantierte Verzinsung auf den Sparanteil Ihrer Einzahlung. Sie liegt seit 1.1.2012 bei 1,75 %. Per Gesetz sind Sie an den erwirtschafteten Überschüssen beteiligt. Sie ist eine der sichersten Geldanlagen, die es in Deutschland gibt.

Die Fondspolice

Mit diesem Modell können Sie in einen oder mehrere Fonds mit unterschiedlichem Risiko investieren. Häufig wird ein gut gestreutes Fondsdepot angeboten mit Ablaufmanagement, das heißt, dass zum Ende der Laufzeit hin automatisch in sicherere Fonds umgeschichtet wird. Aber, die EINE Fondspolice, die wir hier genau beschreiben könnten, gibt es nicht. Auf dem Markt sind viele Varianten. Und sehr unterschiedlich sind die Kosten. Deshalb ist die Fondspolice nach unserer Meinung ein beratungsintensives Produkt für lange Laufzeiten.

Die britische Rentenversicherung

Versicherungsgesellschaften in Großbritannien sind die ältesten Europas, es gibt sie schon seit über 200 Jahren. Britische Versicherungsgesellschaften dürfen, anders als deutsche, bis zu 90 % in Aktien investieren. In der Regel liegt die Aktienquote zwischen 60 und 80 %.

Anders als bei Aktienfonds sind Sie bei britischen Versicherungen aber nicht voll den Schwankungen des Aktienmarkts ausgesetzt. Die meisten britischen Versicherer arbeiten mit einem bisher sehr erfolgreichen Sicherheitsinstrument, dem sogenannten Smoothing.

Das funktioniert so: Die Versicherungsgesellschaften glätten die jährlichen Ergebnisse, indem sie Erträge aus guten Börsenjahren nicht voll ausschütten, sondern einen Teil zurückhalten, um damit die schlechteren Börsenphasen auszugleichen. Dadurch werden Aktienmarktschwankungen abgemildert.

Anleger profitieren über ein zweistufiges Verfahren von der Wertentwicklung: Sie erhalten zum einen am Ende eines jeden Jahres eine garantierte Summe, die ihnen nicht wieder verloren gehen kann. Zusätzlich zahlt die Versicherung bei Fälligkeit des Rentenversicherungsvertrags einen dicken Schlussbonus.

Wer eine lange Anlagezeit vor sich hat, also SIE, kann von der jahrhundertealten Tradition der aktienorientierten Vermögensverwaltung mit Sicherheit profitieren.

Wichtig: Riester-Rente und Rürup-Rente sind staatlich geförderte Varianten. Deshalb finden Sie alles dazu im Kapitel 8.

Eine Kapital-Lebensversicherung empfehlen Sie nicht?

Sie war über Jahrzehnte eine der beliebtesten Anlageformen, hat aber seit den letzten Jahren praktisch keine Bedeutung mehr. Kapital-Lebensversicherungen verbinden einen Sparplan mit einer Risiko-Lebensversicherung. Das heißt, ein Teil des monatlichen Beitrags wird für Sie angelegt, ein anderer Teil fließt in eine Risiko-Lebensversicherung. Mit dieser Risiko-Lebensversicherung können Hinterbliebene abgesichert werden.

Günstiger und transparenter ist es, wenn Sparplan und Risikoversicherung getrennt werden. Der Sparbeitrag fließt z. B. in eine private Rentenversicherung. Die Hinterbliebenenabsicherung ist wesentlich günstiger über eine separat abgeschlossene, preiswerte Risiko-Lebensversicherung zu haben. Die Trennung hat den Vorteil, dass die Risikoversicherung genau den individuellen Bedürfnissen angepasst werden kann. Dazu kommt, dass das Konzept der Kapital-Lebensversicherung wegen negativer Steuergesetzgebung überholt ist.

Das brauchen Sie nicht

Sparbuch

Kaum zu glauben, dass es das immer noch gibt und dass da tatsächlich noch jemand Geld anlegt.

Aber dort ist doch das Geld gaaanz sicher!

Ja, schon, aber genauso sicher ist es auf einem Tagesgeldkonto, das deutlich höhere Zinsen bringt.

0,15 bis 0,30 % zahlen die Banken an Sparbuchzinsen und verleihen das Geld, das dort angelegt ist, für 9 bis 12 % und mehr! Wenn das kein Geschäft ist! So leicht möchte man auch gern mal Geld verdienen.

Dazu kommt ja noch, dass das Sparbuchguthaben nicht einfach abgehoben werden kann. Nein, eine Kündigungsfrist von drei Monaten muss eingehalten werden. Erst dann können Sie über Ihr Guthaben verfügen. Wenn Sie Ihr Kapital vorher benötigen, müssen Sie sogenannte Strafzinsen bezahlen. Allerdings »dürfen« Sie 2 000 Euro pro Monat schon mal abheben.

Zum Vergleich

Bei Tagesgeld können Sie über Ihr Geld jederzeit, tagtäglich verfügen, und es gibt auch noch wesentlich höhere Zinsen dafür. Also nichts wie weg vom Sparbuch!

Einzelaktien

Laut Statistik haben Bundesbürger im Schnitt Aktien von fünf deutschen Aktiengesellschaften im Depot – von einer guten Streuung kann hier nicht die Rede sein.

Wir raten deshalb vom Kauf von Einzelaktien ab. Ein breit gestreuter Fonds, über den Sie in 50 bis 100 verschiedene Aktien weltweit investieren können, ist zur Vermögensbildung wesentlich besser geeignet. Sie müssen sich um die Auswahl der Aktien nicht kümmern und kaufen sich mit dem Fonds eine professionelle Vermögensverwaltung.

Festverzinsliche Wertpapiere

Damit sind Anleihen gemeint, Schatzbriefe, Pfandbriefe, Inhaberschuldverschreibungen usw., auch Rentenpapiere genannt.

Sie sind bekannt und beliebt. Für junge Leute sind sie aus folgendem Grund ungeeignet: Bei Rentenpapieren werden die Zinsen einmal jährlich ausgeschüttet. Nach unserer Erfahrung werden diese dann gern verbraucht. Um aber Vermögen aufzubauen, müssen die Zinsen wieder angelegt werden, wegen des Zinseszinseffekts.

Besser also: Rentenfonds, bei denen die Zinsen automatisch wieder angelegt werden.

Festverzinsliche Wertpapiere empfehlen wir eher älteren Anlegern, die teilweise von den Zinsen leben möchten, im Ruhestand zum Beispiel. Zum Aufbau eines Vermögens, was ja das Ziel junger Leute ist, sind sie nicht geeignet.

Gold

Es ist immer das Gleiche: In jeder Krise stürzen sich Anleger auf Gold, weil sie sich damit vor Verlusten schützen wollen. Auch in der jüngsten Krise ist eine regelrechte Goldhysterie ausgebrochen. Wenn Angst und Panik um sich greifen, setzt häufig der Verstand aus.

Dabei bringt Gold keine Zinsen oder Dividenden. Gewinn gibt es nur, wenn der Preis dauerhaft weitersteigt. Diese Annahme aber ist Spekulation. Selbst ein steigender Goldpreis bringt nichts, wenn gleichzeitig der Dollar verfällt, wie das in den letzten Jahren der Fall war. Denn Gold ist in Dollar notiert. Sie haben also auch noch ein Währungsrisiko zu tragen.

Wir meinen: Wer unbedingt in Gold investieren will, kann 5–10 % des Gesamtvermögens so anlegen. Aber bitte in ruhigeren Zeiten, wenn sich die Panik gelegt und der Goldpreis normalisiert hat. Gold sollte immer nur eine Beimischung in einer gut gestreuten Vermögensanlage sein.

Geschlossene Fonds (Beteiligungen)

Über diese Fonds beteiligen Sie sich quasi als Mitunternehmerin an Gewerbeimmobilien, Schiffen, Windparks, Solaranlagen usw. Bei seriösen und solide konzipierten Beteiligungen gibt es gute Gewinnchancen, aber natürlich auch unternehmerische Risiken. Wir empfehlen sie eher als Beimischung für die Vermögensanlage im Ruhestand, weil oft hohe Ausschüttungen fließen. Für das Anlageziel junger Leute, den Vermögensaufbau, sind sie nicht geeignet.

Indexfonds/ETFs

ETF kommt aus dem Englischen und ist die Abkürzung von Exchange Traded Fund. Wie die seit einigen Jahren massenhaft von Banken angebotenen Zertifikate boomen ETFs derzeit in mannigfachen Ausprägungen. Und immer, wenn etwas derart boomt und sich die Medien mit positiven Berichten geradezu überschlagen, ist Vorsicht beim Kauf angebracht!

Indexfonds unterscheiden sich von den oben beschriebenen Aktien-, Misch- und vermögensverwaltenden Fonds dadurch, dass sie nicht »aktiv«, das heißt über ein versiertes Fondsmanagement, gemanagt werden, sondern »passiv«. Indexfonds bilden nämlich lediglich einen bestehenden Index nach, wie zum Beispiel den Deutschen Aktienindex, den DAX.

Es fehlt also ein Management, das überlegt, ob es sinnvoll ist, x % Autobauer und y % Energieversorger im Fonds zu haben, nein, allein die Zusammensetzung des DAX ist nachzubauen, und zwar 1:1, zu jeder Zeit.

Die Folge: Steigt der Dax um 10 %, steigt auch der »ETF auf den DAX« um 10 %, fällt der DAX, fällt auch der entsprechende ETF.

Ein ETF auf den DAX hat zum Beispiel im Krisenjahr 2008 etwa 40 % Verlust gebracht. Etwa ein Fünftel der 30 DAX-Werte waren Finanzwerte, die es in der Krise besonders gebeutelt hat.

In aktiv gemanagten Fonds wurden Finanzwerte dagegen schnellstens verkauft, weshalb die Verluste bei Weitem nicht so schlimm ausfielen. Einige vermögensverwaltende oder gemischte Fonds, die auf andere Anlageklassen ausweichen können, kamen sogar mit einem leichten Gewinn oder einer »schwarzen Null« durch die Krise.

Der immer gern erwähnte Vorteil von ETFs ist, dass sie sehr kostengünstig sind, während Investmentfonds beim Kauf einen Ausgabeaufschlag zwischen 1 und 6% erheben. Das allein sollte aber nicht ausschlaggebend sein!

Indexfonds sind ideal für Profis. Deshalb sind es hauptsächlich Fondsmanager, die sich der kostengünstigen ETFs bedienen. Sie können sich damit bei steigenden Kursen in einen Index einkaufen, ihn beobachten und, wenn der Wind sich dreht, wieder verkaufen. Ein Fondsmanager tut nichts anderes! Sie schon!

Überlegen Sie es sich also gut, wenn Ihnen ein ETF angeboten wird. Nicht nur die Kosten sind bei einer Anlage zu berücksichtigen, sondern vorrangig das, was Sie wollen, was Sie verstehen und womit Sie sich wohlfühlen. Eine pflegeleichte Anlage sieht anders aus.

Zertifikate

Zertifikate sind schon für Profis schwer zu verstehen. Für Anleger, die wenig Erfahrung mit Geldanlagen haben, erst recht. Es ist nicht zu begreifen, dass tatsächlich ca. 350 000 Zertifikate im Umlauf sind, Tendenz steigend. Zumal immer noch täglich geprellte Anleger mit wertlosen Lehman-Zertifikaten vor »ihrer« Bank protestieren und ihr Geld zurückfordern.

Verkauft, oft unter falschen Etiketten, werden sie, weil Banken damit immer noch viel Geld verdienen und sich die blumigen Beschreibungen mit rhetorischem Geschick gut verkaufen lassen. Denn, wer will keinen Bonus, wie es Bonuszertifikate versprechen; keinen günstigen Einkaufspreis wie bei Discountzertifikaten und keine Garantie, die Garantiezertifikate bringen sollen?

Was sich aber genau hinter den oft sehr komplizierten Kon-
struktionen verbirgt, ist vielen Kunden auch nach Bankbera-
tung und unterschriebenem Kaufformular in vielen Fällen
nicht im Mindesten klar. Und das heißt: Anleger wissen
nicht, wo die Risiken liegen, worin sie genau investiert haben und was die Folgen sind, wenn die Rechnung nicht aufgeht. Und nicht einmal das wissen sie in der Regel: Geht der
Emittent (also die Institution, die das Papier herausgegeben
hat) pleite, ist das Geld weg.

Warum sind Zertifikate so schwer zu durchschauen?

Hinter jedem Zertifikat steckt eine Wette in Form einer
»wenn ... dann –«-Konstruktion. Das heißt, nur wenn bestimmte Sachverhalte in Kombination mit anderen Sachver-
halten eintreten, kommt es zum gewünschten Erfolg. Das ist
aber nicht immer so!
Der Kauf eines Zertifikats setzt zudem von den Anlegern
eine bestimmte Marktmeinung voraus. Also eine Einschätzung, wie sich die Märkte während der Laufzeit des Zertifikats verhalten werden. Und nur dann kann man ja auch
darauf wetten.
Discountzertifikate zum Beispiel sind dann angesagt, wenn
Sie der Meinung sind, dass sich die Börsen »seitwärts« bewegen, sich also nicht viel tun wird. Wer aber weiß das schon?
Bonuszertifikate sind sinnvoll, wenn Sie der Überzeugung
sind, dass sich der Wert, auf den sich das Zertifikat bezieht
(ein Index, eine Aktie etc.), positiv entwickelt. Bei einem solchen Zertifikat darf sich der Basiswert (DAX, Aktie etc.) nur
innerhalb festgelegter Schranken bewegen. Stürzen die Kurse,
wie zum Beispiel im August 2011, rasant, »platzen« Bonuszertifikate reihenweise, weil sie die untere Bonusschwelle unter-

schritten haben. Darin investierte Anleger sind dann nicht mehr im Bonuszertifikat, sondern direkt im Basiswert investiert! Den versprochenen Bonus muss die Bank nicht zahlen. Ein Garantiezertifikat sichert den Einstiegswert zum Ende der Laufzeit ab. Am Ende einer oft fünf- oder zehnjährigen Laufzeit erhalten Sie also Ihren Einsatz zurück – ohne Gewinn! –, wenn das in der Zertifikatestruktur festgelegte Konzept fehlschlägt. Die Bank aber gewinnt immer!

Achtung:
Weil Zertifikate schwer in die Kritik gekommen sind, werden sie neuerdings von Banken unter der Bezeichnung »Anleihe« verkauft.

☞ **Unsere Meinung:**
Zertifikate sind hochriskante Produkte, die niemand braucht. Mit völlig transparenten Fonds, die nachvollziehbar und gesetzlich geregelt investieren, können Sie Ihre Ziele und Ihre Risikobereitschaft weit besser und vor allem weit gefahrloser abbilden.

Deshalb also: Finger weg von Zertifikaten!

Kapitel 8

Hallo – hier gibt's was geschenkt!

Zuwendungen vom Arbeitgeber – vermögenswirksame Leistungen (VL)

Seit mehr als 30 Jahren fördert der Staat die private Vermögensbildung durch Zuschüsse. Aber: Nur wenige nehmen die sogenannten vermögenswirksamen Leistungen in Anspruch. Warum?

Das ist mir zu kompliziert, das ist wieder so ein bürokratischer Papierkram, die paar Euro bringen doch eh nicht viel, heißt es oft. Und sehr viele kennen die Möglichkeiten gar nicht. Wir finden das sehr bedauerlich, denn besonders für junge Leute sind vermögenswirksame Leistungen eine ideale und von der Anlagezeit her überschaubare Sparmöglichkeit.

Nutzen Sie deshalb alle Möglichkeiten, die sich Ihnen bieten, und das sind nicht wenige. Wenn Sie die einzelnen Angebote nutzen und geschickt kombinieren, gehen Sie optimal mit Ihrem Geld um!

Ob und in welcher Höhe Ihr Arbeitgeber Ihnen zusätzlich zum Gehalt vermögenswirksame Leistungen (VL) zahlt, steht im Tarifvertrag oder in einer Betriebsvereinbarung. Es gibt dabei erhebliche Unterschiede. Mitarbeiterinnen im öffentlichen Dienst bekommen zurzeit 6,65 Euro monatlich, manche Unternehmen zahlen den Höchstbetrag von 40 Euro. Dazwischen ist im Prinzip alles möglich.

Wenn Ihr Arbeitgeber VL bezahlt, haben Sie schon während der Ausbildung Anspruch darauf, allerdings noch nicht in der Probezeit. Fragen Sie im Personalbüro oder beim Betriebsrat nach.

Vermögenswirksame Sparverträge haben immer eine Laufzeit von sieben Jahren. Danach können Sie über Ihr Geld verfügen. Für die Anlage der vermögenswirksamen Leistungen haben Sie mehrere Möglichkeiten:

Banksparpläne

Banksparpläne sind eher für risikoscheue Anleger geeignet. Die Verzinsung ist variabel, das heißt, steigt der Marktzins, gibt es auch hier mehr Zinsen. Sinkt der Marktzins, gibt es weniger. Zum Ende der Laufzeit zahlen die Anbieter meist einen Schlussbonus.

Achtung: Für Banksparpläne gibt es keine staatliche Förderung!

Bausparverträge

Einige Bausparkassen zahlen gute Zinsen auf einen reinen Sparvertrag, wenn Sie kein Darlehen beanspruchen. Bis zu 4 % Rendite sind damit drin. Wenn Sie die staatliche Sparförderung nutzen können, noch mehr.

Für eine solche Anlage reicht eine relativ geringe Bausparsumme von 5000 Euro, denn mit einer höheren Bausparsumme kommen höhere Kosten auf Sie zu. Eine höhere Bausparsumme ist dann richtig, wenn Sie den Bausparvertrag später zum Bauen oder Modernisieren verwenden möchten, also ein Darlehen brauchen.

Aktienfonds

Bei Aktienfonds haben Sie die höchsten Chancen, aber natürlich auch ein höheres Verlustrisiko als bei den anderen VL-Möglichkeiten. Wer jung ist und eine lange Anlagezeit einplanen kann, sollte sich für diese Sparform entscheiden.
Dass der VL-Vertrag nach sieben Jahren endet, ist kein Nachteil. Sie können das angesparte Guthaben im Aktienfonds liegen lassen, so lange Sie wollen, und von den höheren Chancen profitieren.
Aber nicht jeder Aktienfonds ist für VL-Sparverträge zugelassen. Welche Aktienfonds dafür geeignet sind, erfahren Sie bei Ihrer Bank und unabhängigen Beratern.

Betriebliche Altersversorgung

Ihre vermögenswirksamen Leistungen können Sie auch in eine betriebliche Altersversorgung investieren. Bei einigen Arbeitgebern gibt es VL sogar nur dann, wenn diese in eine Form der betrieblichen Altersversorgung gesteckt werden.
Wenn Sie keine andere Möglichkeit haben, weil auch Ihr Arbeitgeber dies so handhabt, dann müssen Sie dies wohl oder übel so machen. Wir finden aber eine betriebliche Altersversorgung für junge Leute nicht so interessant, weil in jungen Jahren der Arbeitsplatz doch öfter einmal gewechselt wird. Die Verträge aus der betrieblichen Altersvorsorge sind aber nicht immer auf den neuen Arbeitgeber übertragbar.

Der Staat fördert zusätzlich mit

Arbeitnehmer-Sparzulage

Es gibt zwei Förderbereiche bei vermögenswirksamen Leistungen, die Sie auch parallel nutzen können. Die Anlage in Aktienfonds wird dabei am höchsten gefördert, nämlich mit der Arbeitnehmer-Sparzulage. Sie beträgt bei Aktienfonds 20 % auf eine Einzahlung von 400 Euro, also 80 Euro pro Jahr.

Diese Arbeitnehmer-Sparzulage erhalten Sie allerdings nur, wenn Ihr zu versteuerndes Einkommen nicht über den folgenden Grenzen liegt:

Bei Aktienfonds

Ledige   20 000 Euro pro Jahr
Verheiratete   40 000 Euro pro Jahr (Stand 2011)

Bei Bausparverträgen

Wenn Sie Ihre VL lieber in einen Bausparvertrag einzahlen, gibt es eine Arbeitnehmer-Sparzulage in Höhe von 9 % auf eine jährliche Einzahlung bis zu 470 Euro pro Jahr. Das sind im Jahr 43 Euro.

Ihr zu versteuerndes Einkommen darf bei Bausparverträgen nicht höher sein als:

Ledige   17 900 Euro pro Jahr
Verheiratete   35 800 Euro pro Jahr (Stand 2011)

Wenn Sie sowohl in einen Aktienfonds als auch in einen Bausparvertrag einzahlen möchten, können Sie natürlich die vermögenswirksamen Sparbeträge auch aus eigener Tasche aufstocken. Sie müssten dann Ihren Arbeitgeber bitten, den fehlenden Betrag von Ihrem Gehalt in vermögenswirksame Leistungen umzuwandeln und auf die geförderten Sparverträge einzuzahlen. Die staatlichen Zulagen erhalten Sie natürlich auch, wenn Ihr Arbeitgeber gar nichts bezahlt und Sie alle Sparbeiträge aus eigener Tasche aufbringen.

Das war aber noch nicht alles: Eine weitere Möglichkeit, staatliche Zuschüsse zu erhalten, bietet das Sparen nach dem Wohnungsbauprämiengesetz.

Wohnungsbauprämie

Wenn Sie pro Jahr 512 Euro (Ehepaare das Doppelte) in einen Bausparvertrag einzahlen, gibt es vom Staat die Wohnungsbauprämie in Höhe von 8,8 % der jährlichen Einzahlungen – höchstens aber 45,06 Euro (Ehepaare 90,11 Euro).

Hier darf Ihr zu versteuerndes Einkommen nicht höher sein als:

Ledige	25 600 Euro pro Jahr
Verheiratete	51 200 Euro pro Jahr (Stand 2011)

Die Wohnungsbauprämie bekommen Sie allerdings nur, wenn Sie das Bausparguthaben wohnwirtschaftlich verwenden. Das heißt, es kann für die Instandsetzung und Modernisierung einer vorhandenen Wohnung eingesetzt werden. Damit sind Einbauten gemeint, die fest mit dem Gebäude verbunden sind, wie zum Beispiel Wandschränke, WC oder Waschbecken. Ebenso können Sie Parkett, Fliesen oder Teppich verlegen lassen, vorausgesetzt, der Bodenbelag wird fest mit dem Untergrund verbunden.

Wer beim Abschluss eines Bausparvertrages unter 25 Jahre alt ist, muss den vermögenswirksamen Bausparvertrag NICHT wohnwirtschaftlich verwenden. Nach sieben Jahren dürfen Sie frei über das Geld verfügen.

Aufpassen bitte:

Die Arbeitnehmer-Sparzulage kommt nicht automatisch. Sie muss jedes Jahr mit der Lohnsteuererklärung beim Finanzamt beantragt werden. Hierfür erhalten Sie von der Fondsgesellschaft oder der Bank eine entsprechende Bescheinigung, die Sie dann mit der jährlichen Steuererklärung einreichen.

Die Wohnungsbauprämie beantragen Sie über Ihre Bausparkasse. Für beide Sparformen gilt: Die Zulagen zahlt das Finanzamt erst am Ende der siebenjährigen Sperrfrist in den Sparvertrag ein. Danach können Sie über die angesparte Summe frei verfügen.

Zuwendungen vom Staat

Die staatlichen Zulagen bei den vermögenswirksamen Leistungen haben Sie gerade kennengelernt. Aber der Staat hat noch mehr für Sie – entweder Zulagen (bei der Riester-Rente) oder Steuerersparnis (bei Riester-Rente, Rürup-Rente und betrieblicher Altersversorgung).

Riester-Rente

Lohnt sich das?

Was ist in den Medien nicht alles zu lesen und zu hören über die Riester-Rente: dass sie zu teuer sei, dass sie demzufolge nichts bringe, dass sie nicht flexibel genug sei und kompliziert obendrein. Nicht einmal vererbt könne sie werden und was sonst noch alles.

Unbestritten: Die Riester-Rente hat, wie jede andere Geldanlage auch, Nachteile. Wir kommen noch darauf zurück. Die enormen Vorteile wiegen aber die Nachteile unserer Meinung nach voll auf. Vor allem für junge Frauen und Familien ist sie eine ideale Möglichkeit, mit staatlicher Hilfe fürs Alter vorzusorgen.

Aber wie funktioniert diese zusätzliche Altersvorsorge genau, worauf muss man achten?

Wer darf riestern?

Angestellte und Beamtinnen zum Beispiel, Azubis oder Minijobberinnen, die auf ihre Versicherungsfreiheit verzichtet haben. Auf gut Amtsdeutsch: Alle sozialversicherungspflichtig Beschäftigten, unabhängig davon, wie viel sie verdienen, bekommen die staatlichen Zulagen. Aber auch Selbstständige ohne Rentenversicherungspflicht, Studentinnen oder Hausfrauen haben zumindest Aussicht auf eine Art Mini-Riester – wenn sie mit jemandem verheiratet sind, der oder die bereits riestert. Sie schließen einen Vertrag ab, in den Sie einen Jahresbeitrag von 60 Euro einzahlen und damit Anspruch auf die Zulagen erwerben.

Und was bekomme ich da vom Staat?

Pro Jahr gibt es 154 Euro Grundzulage sowie 300 Euro pro Kind (für Kinder, die vor dem 1. Januar 2008 geboren sind, 185 Euro). So könnte beispielsweise eine fünfköpfige Familie, in der beide Eltern riestern, zwischen 863 und 1208 Euro im Jahr kassieren.

Die Kinderzulage wird so lange gezahlt wie das Kindergeld, also in der Regel bis zum 25. Lebensjahr.

Junge Leute, die beim Abschluss noch keine 25 sind, bekommen außerdem einmalig 200 Euro zusätzlich.

Übrigens: Die Zulagen werden nicht automatisch gezahlt. Deshalb muss bei Abschluss einer Riester-Rente auch ein »Dauerzulagen-Antrag« ausgefüllt werden.

Wer viel verdient, bekommt aber nur wenig raus, oder?

Im Gegenteil! Für alle, die besser verdienen, ist die Steuerersparnis besonders attraktiv. Mehr als 2100 Euro (maximaler Förderbeitrag pro Jahr) lassen sich allerdings nicht absetzen; das entspricht einem Bruttojahreseinkommen von 52 500 Euro. Obwohl die Riester-Rente im Alter versteuert werden muss, rechnet sich das Ganze. Der Grund: Im Alter sind die Einkünfte – und damit auch der Steuersatz – meist wesentlich geringer.

Wie sicher ist die Riester-Rente?

Um sie abzusichern, hat sich der Gesetzgeber jedenfalls einiges einfallen lassen. So gibt es die Riester-Förderung nur für **zertifizierte Altersvorsorgeverträge**, und zertifiziert werden nur solche Verträge, die folgende Voraussetzungen erfüllen:

- Alle eingezahlten Beiträge – Eigenleistungen und Zulagen – sind beim vereinbarten Rentenbeginn garantiert;
- die Rente muss lebenslang gezahlt werden; lediglich 30 % des Kapitals können bei Rentenbeginn auf einen Schlag entnommen werden;
- ein »Unisex-Tarif« stellt sicher, dass Frauen und Männer die gleichen Beiträge zahlen und gleich viel Rente erhalten;
- Abschlusskosten für die Vermittlung des Vertrags müssen auf mindestens fünf Jahre verteilt werden;
- die Versicherten bekommen einmal im Jahr eine umfassende schriftliche Information darüber, wie sich ihr Vertrag bislang entwickelt hat.

Und welcher Riester passt zu mir?

Mit der Riester-Rente ist es wie mit jeder anderen Geldanlage auch: Sie muss zu Ihren Zielen und Ihrer allgemeinen Situation passen. Diese Möglichkeiten haben Sie:

Klassische Rentenversicherung

Der Klassiker, drei von vier Riester-Kunden entscheiden sich für diese Variante. Neben der garantierten lebenslangen Rente sind die Versicherten per Gesetz auch an den erwirtschafteten Gewinnen beteiligt.

Fondssparpläne

Aussicht auf hohe Wertsteigerungen bei guter Börsenentwicklung. Gut für alle, die schon früh mit dem Riestern beginnen, weil sich Kursschwankungen langfristig ausgleichen. Außerdem sind Riester-Fondssparpläne nicht so riskant wie andere, weil am Ende der Laufzeit alle Einzahlungen und Zulagen garantiert sind.

Banksparpläne

Sehr kostengünstig, aber auch sehr magere Renditen. Die Zinsen sind variabel, also nicht garantiert.

Wohn-Riester

Das jüngste Mitglied der Riester-Familie. Seit dem 1.1.2008 wird auch eine selbst genutzte Wohnimmobilie staatlich gefördert (Eigenheim-Rentengesetz).

Wie funktioniert das?

Grundsätzlich gilt: In Abhängigkeit von Ihrer jeweiligen Lebens- und Finanzplanung können Sie sich entscheiden für einen Wohn-Riester-Bausparvertrag oder für ein Riester-Finanzierungsdarlehen.

Wohn-Riester-Bausparvertrag

Sie bilden zunächst Eigenkapital und kommen durch die Riester-Förderung schneller mit dem Ansparen voran. Später setzen Sie die Zulagen als Sondertilgungen ein und haben das Bauspardarlehen dann früher abbezahlt.

Wohn-Riester-Finanzierung

Falls Sie bereits einen Riester-Vertrag haben, können Sie das dort angesammelte Kapital komplett in diese Finanzierung zum Bau oder zum Kauf einer selbst genutzten Immobilie umschichten. Die Förderung durch die Zulagen fließt dann komplett in die Tilgung des Kredits ein.

Gut zu wissen: Ein Anbieterwechsel von einem Riester-Rentenvertrag hin zum Wohn-Riestern verursacht Kosten (zum Beispiel die Abschlussgebühr).

Komme ich auch schon vor 62 an mein Geld?
Sicher, wenn Sie das unbedingt wollen. Klug ist es allerdings
nicht, denn Zulagen und Steuervorteile sind dann auf einen
Schlag zur Rückzahlung fällig.

Und wenn mein Job plötzlich weg ist?
Keine Panik. Ihre Riester-Rente ist nicht in Gefahr, denn die
Ansprüche aus Ihrem Vertrag bleiben Ihnen trotzdem erhal-
ten. Sie können mit den Zahlungen zur Not auch mal ganz
aussetzen. Dann entfallen natürlich für diesen Zeitraum
auch Zulagen und Steuerersparnis.
Ein großer Pluspunkt im Vergleich zu anderen Sparformen:
Die Riester-Rente ist »Hartz-IV-sicher«, das heißt: Sie geht
Ihnen im schlimmsten Fall, also auch bei längerer Arbeits-
losigkeit, nicht verloren.

Muss ich während der Elternzeit aufs Riestern verzichten?
Keineswegs. Sie bekommen sogar ein ganz besonderes Stück
vom Riester-Kuchen: In den 36 Monaten nach der Geburt
Ihres Kindes müssen Sie lediglich 60 Euro pro Jahr investieren, um für sich und Ihr Baby die staatlichen Zulagen von
454 Euro jährlich einzustreichen.

Wenn schon Vorsorge, dann bitte ökologisch-ethisch-moralisch
korrekt. Geht das überhaupt?
Ja, natürlich. Bei solchen Öko-Riester-Renten sind Anbieter
oder Fonds-Mix-Investitionen tabu, die zum Beispiel irgendetwas mit Gentechnik, Rüstung, Kernenergie oder Kinderarbeit, mit Tabak, Alkohol oder vermeidbaren Tierversu-
chen zu tun haben. Aber denken Sie daran: Das Öko-Etikett
garantiert noch nicht, dass es sich dabei um eine sichere und/

oder lohnende Anlage handelt. Prüfen Sie deshalb auch diese Angebote sehr genau.

Nach meiner Verrentung möchte ich gern auf Mallorca leben. Macht Riester so etwas mit?

Freuen Sie sich drauf: Sie können Ihr Leben unter Palmen bei vollen Bezügen genießen. Die Zeiten sind vorbei, als man beim Umzug ins Ausland alle Zulagen und Steuerersparnisse zurückzahlen musste – auch Politiker sind lernfähig!

Wer allerdings außerhalb der EU seinen Lebensabend verbringen will, muss mit Rentenbeginn die komplette staatliche Förderung zurückzahlen. Diese Rückzahlung darf aber in Raten von 15 % der Rentenauszahlung erfolgen, bis die Förderung plus Zinsen erstattet ist.

Riester-Rente – warum überhaupt?

Irgendwann ließ es sich nicht mehr vertuschen: Die gesetzliche Rente wird nicht ausreichen, um im Alter vernünftig leben zu können. Also hat der Staat (vertreten durch den damaligen Arbeitsminister Walter Riester) ein Fördermodell geschaffen, das am 1. Januar 2002 in Kraft trat. Es soll die Lücke schließen, die durch den geringeren Anstieg der gesetzlichen Rente zu erwarten ist.

Und so funktioniert's

Finanziell gefördert werden alle, die vier Prozent ihres Bruttoeinkommens vom Vorjahr in einen Riester-Vertrag investieren (pro Jahr maximal 2100 Euro, inklusive der Zulagen, die es vom Staat gibt). Diejenigen, die nicht so viel einzahlen, bekommen entsprechend weniger aus dem Fördertopf.

Auch schön: Die Riester-Beiträge kann man beim Finanzamt steuerlich geltend machen. Dafür müssen diese Renten später dann aber voll versteuert werden.

Rürup-Rente

Von der Riester-Rente profitieren überwiegend Angestellte. Mit der Rürup-Rente, auch Basis-Rente genannt, fördert der Gesetzgeber eine weitere interessante Altersvorsorge-Variante, von der vor allem Selbstständige profitieren. Den Namen hat sie von ihrem Erfinder, dem Rentenexperten Bert Rürup.

Was ist lohnend an der Rürup-Rente?

Bei der Rürup-Rente gibt es, anders als bei der Riester-Rente, keine Zulagen vom Staat. Sie wird ausschließlich über Steuervorteile gefördert und ist deshalb besonders für gut Verdienende geeignet.

Bis zu 20 000 Euro (bei Verheirateten das Doppelte) können eingezahlt werden. 2012 sind dann 74 % dieser jährlichen Einzahlung steuerlich absetzbar. Bei 20 000 Euro sind das also 14 800 Euro. In jedem weiteren Jahr steigt der Beitrag, der abgesetzt werden kann, um 2 %. Ab 2025 wird das Finanzamt dann also 100 % der eingezahlten Beiträge als Sonderausgaben akzeptieren.

Ein weiteres Plus

Das Modell der Rürup-Rente ist in der Ansparzeit sehr flexibel, denn es ist kein Mindestbeitrag vorgeschrieben. Das heißt: Man bestimmt selbst, wie viel man investieren will oder – je nach finanzieller Lage – anlegen kann.

Das ist gerade für Selbstständige ein entscheidender Vorteil, denn sie wissen häufig erst zum Jahresende hin, welcher Betrag für die Altersvorsorge zur Verfügung steht. So können sie Jahr für Jahr je nach Geschäftsverlauf neu entscheiden, wie viel sie in die Rürup-Rente investieren wollen. Es ist beispielsweise möglich, einmal im Jahr eine hohe Summe einzuzahlen. Oder man spart monatlich einen festen Betrag und stockt diesen dann durch eine jährliche Sonderzahlung auf.

Angestellte haben nichts davon?
Für sehr gut verdienende Angestellte kann sich die Rürup-Rente ebenfalls lohnen. Arbeitnehmer können aber nicht die vollen 20 000 Euro für ihren Rürup-Vertrag nutzen. Denn bei ihnen wird der Beitrag abgezogen, den sie und der Arbeitgeber in die gesetzliche Rentenversicherung einzahlen. Nur vom Restbetrag können dann im Jahr 2012 74 % (und in den Folgejahren steigend) steuerlich geltend gemacht werden.

Und wie ist das bei Freiberuflern?
Auch Freiberufler können nicht die vollen 20 000 Euro nutzen. Sie zahlen ja in ein berufsständisches Versorgungswerk ein. Nur von der Differenz zwischen dem Beitrag für das Versorgungswerk und den 20 000 Euro für die Rürup-Rente können sie dann im Jahr 2012 74 % (und in den Folgejahren steigend) steuerlich geltend machen.

Gut zu wissen

Wie auch bei Betriebsrenten und Riester-Renten ist Vermögen, das Sie in der Rürup-Rente ansparen, geschützt, z. B. bei ALG II. Sie wissen ja, dass Sparguthaben in so einem Fall aufgelöst und verbraucht werden müssen, bevor das Sozialamt Leistungen erbringt. Das Vermögen in einem Rürup-Vertrag wird hingegen nicht angetastet.

Es muss auch dann nicht aufgelöst werden, wenn die eigenen Eltern pflegebedürftig werden und deren Einkommen nicht für ihren Unterhalt reicht. Bei der Berechnung der Unterhaltsverpflichtungen, die vom Sozialamt bei den Kindern eingefordert werden können, bleibt das Guthaben in einem Rürup-Vertrag außen vor.

Womit Sie rechnen müssen

Der Staat verlangt für seine steuerlichen »Wohltaten« natürlich auch eine Gegenleistung. Er will vor allem sichergehen, dass das staatlich subventionierte Vermögen später auch wirklich für die Rente verbraucht und nicht vorher ausgegeben wird.

Deshalb haben Rürup-Verträge einige Besonderheiten, die denen der gesetzlichen Rentenversicherung ähneln:

- Das angesparte Kapital wird nicht in einem Betrag ausgezahlt. Die Ansprüche aus der Rürup-Rente dürfen auch nicht übertragen, beliehen oder veräußert werden.
- Der Vertrag muss eine lebenslange Leibrente sicherstellen.
- Die Rürup-Rente ist nicht vererbbar. Es kann aber eine zusätzliche Hinterbliebenenrente für Ehepartner und Kinder vereinbart werden.
- Die spätere Rente muss versteuert werden.

Gezielt beraten lassen

Von der Rürup-Rente profitieren vor allem Selbstständige, Freiberufler und gut verdienende Angestellte mit hohem Steuersatz, die entsprechend viel investieren können. Ob ein solcher Vertrag aber wirklich zu Ihnen passt, sollte eine qualifizierte Beratung ergeben. Bei jeder persönlichen Absicherung müssen ja die einzelnen Bausteine stimmen.

Extra-Rente vom Arbeitgeber – die betriebliche Altersversorgung

Am Monatsende beim Gehalt Steuern und Sozialabgaben sparen und dazu im Alter mehr Geld als nur die gesetzliche Rente? Hier steht, wie's geht.

Sie ist kein Almosen, sondern Ihr gutes Recht als Arbeitnehmerin: die betriebliche Altersversorgung. Seit zehn Jahren können alle Arbeitnehmer eine sogenannte Entgeltumwandlung beantragen. Das heißt, ein Teil des Gehalts wird direkt in eine betriebliche Altersversorgung gezahlt. Ein lohnendes Engagement, denn am Ende des Arbeitslebens haben Sie Anspruch auf eine einmalige Kapitalzahlung oder eine lebenslange betriebliche Rente.

Das sind die Pluspunkte:

- Die betriebliche Altersversorgung verringert die Kluft zwischen früherem Gehalt und späterer Rente.
- Ihre Beiträge werden vom Bruttogehalt abgebucht. Steuern zahlen Sie erst bei der Auszahlung im Rentenalter (in der Regel zu einem niedrigeren Steuersatz).
- Bleiben Sie mit Ihren Beiträgen unter der aktuellen Höchstgrenze von 2 688 Euro/Jahr, zahlen Sie auch keine Sozialabgaben.
- Wer bisher noch keine betriebliche Altersversorgung hat, kann pro Jahr weitere 1800 Euro investieren, steuer-, aber nicht mehr sozialabgabenfrei.

- Wechseln Sie den Arbeitgeber, können Sie den aktuellen Wert Ihres betrieblichen Altersversorgungsvertrags dorthin mitnehmen. Voraussetzung: Sie haben nach dem 1. 1. 2005 einen Vertrag für eine Direktversicherung, eine Pensionskasse oder einen Pensionsfonds abgeschlossen.
- Falls Sie arbeitslos werden, kann die Police ruhen. Die bessere Alternative: Sie zahlen den Mindestbeitrag privat weiter.
- Wer Arbeitslosengeld II beantragt, kann das angesparte Geld behalten. Es muss nicht vorher aufgebraucht werden.
- Alle Rentenanwartschaften, die vom Gehalt per Entgeltumwandlung in betriebliche Altersvorsorge investiert werden, gehören Ihnen und nie dem Arbeitgeber.

Fünf Wege zum Ziel

Es gibt fünf verschiedene Modelle der betrieblichen Altersversorgung: Direktversicherung, Pensionskasse, Pensionsfonds, Unterstützungskasse und Direktzusage.

Der Arbeitgeber bestimmt, über welches Modell in seinem Unternehmen die betriebliche Altersversorgung organisiert wird.

Für jedes dieser Modelle gibt es drei Möglichkeiten der Finanzierung: Entweder zahlen Sie den Beitrag selbst (»Entgeltumwandlung«). Oder Ihr Arbeitgeber zahlt. Oder Sie und Ihr Arbeitgeber zahlen.

Am bekanntesten ist die **Direktversicherung**.

Sie ist am einfachsten zu handhaben und ist vor allem in kleinen Firmen beliebt, weil sie wenig Verwaltungsaufwand erfordert: Der Arbeitgeber schließt für seine Mitarbeiter eine Rentenversicherung ab und überweist die Beiträge an die Versicherungsgesellschaft.

Arbeitnehmer, die Teile ihres Gehalts in Beiträge für eine betriebliche Altersversorgung einzahlen wollen, können vom Arbeitgeber verlangen, dass er ihnen mindestens eine Direktversicherung anbietet.

☞ **Unsere Meinung:**

Trotz der vielen Pluspunkte ist eine betriebliche Altersvorsorge in jungen Jahren nicht unbedingt geeignet. Arbeitgeber verlangen heute Mobilität. Deshalb wird in dieser Lebensphase der Arbeitsplatz öfter einmal gewechselt. Die Altersvorsorgeverträge sind aber nicht immer auf den neuen Arbeitgeber übertragbar.

Außerdem gibt es einen dicken MINUSPUNKT: Wer gesetzlich krankenversichert ist, zahlt im Alter zusätzlich auf die Betriebsrente (oder zehn Jahre auf 1/120 der einmaligen Kapitalleistung) den vollen Beitragssatz zur Kranken- und Pflegeversicherung.

Die spätere Rente muss versteuert werden.

Und die arbeiten für Sie

Der Zinseszinseffekt

Wussten Sie's? Eine Kaninchen-Mutter bekommt im Jahr etwa fünfmal Nachwuchs, pro Wurf können es schon mal 4 bis 5 Junge sein. Das heißt, eine Kaninchen-Mutter kann im Jahr gut und gern 30 Kinder bekommen! Aber keine

Angst, es geht hier nicht mit Biologie weiter. Der Ausspruch »Die vermehren sich ja wie die Karnickel« ist vielmehr eine umgangssprachliche Beschreibung für exponentielles Wachstum. Und das ist nichts anderes als der Zinseszinseffekt!

Ihr Erspartes soll auch Nachwuchs bekommen?

Lassen Sie uns rechnen: Sie investieren 1000 Euro Anfangskapital und erhalten im Jahr 6 % Zinsen dafür. Wenn Sie sich diese Zinsen jährlich auszahlen lassen, haben Sie nach 10 Jahren insgesamt 600 Euro an Zinserträgen erhalten. Zusammen also 1600 Euro mit dem eingesetzten Kapital.

Das ist schön, aber exponentielles Wachstum sieht anders aus. Zurück auf »Start«. Sie investieren erneut Ihre 1000 Euro. Diesmal aber lassen Sie sich die Zinsen nicht auszahlen, sondern schlagen sie dem Ausgangskapital zu. Im zweiten Jahr beginnen Sie daher nicht mit 1000 Euro, sondern mit 1060 Euro, auf die wiederum 6 % gezahlt werden. Am Ende des zweiten Jahres erhalten Sie schon 63,60 Euro Zinsen und so weiter.

1. Jahr	1 000,00 €	+	60,00 € Zinsen
2. Jahr	1 060,00 €	+	63,60 € Zinsen
3. Jahr	1 123,60 €	+	67,42 € Zinsen
4. Jahr	1 191,02 €	+	71,46 € Zinsen
5. Jahr	1 262,48 €	+	75,75 € Zinsen
6. Jahr	1 338,23 €	+	80,29 € Zinsen
7. Jahr	1 418,52 €	+	85,11 € Zinsen
8. Jahr	1 503,63 €	+	90,22 € Zinsen
9. Jahr	1 593,85 €	+	95,63 € Zinsen
10. Jahr	1 689,48 €	+	101,37 € Zinsen
Ergebnis	**1 790,85 €**		

Wenn Sie die Zinsen also nicht entnehmen, können Sie sich am Ende über 790,85 Euro Ertrag freuen, das sind zusätzliche 190,85 Euro. Aufgrund des Zinseszinseffekts sind diese 11,9 % Mehrertrag wie durch Geisterhand aus dem Nichts entstanden! In nur 10 Jahren.

Abgesehen davon, dass Sie, wenn Sie die Zinsen verbrauchen, auch nach 10 und mehr Jahren nur 1000 Euro auf der hohen Kante haben, Ihr Kapital sich also nicht vermehrt hat.

Im nächsten Beispiel haben wir unterschiedlich hohe monatliche Sparraten 30 Jahre lang in einen Banksparplan und wahlweise in einen Aktienfonds bzw. einen Mischfonds mit höherem Aktienanteil fließen lassen. Dieses Beispiel soll Ihnen zeigen, wie wichtig es ist, zum Vermögensaufbau über lange Anlagezeiten eine höhere Rendite zu erzielen. Je mehr Zins/Rendite und je länger die Anlagezeit, desto stärker kann der Zinseszins seine enorme Wirkung entfalten.

Ihre monatliche Sparrate	das ist eingezahlt nach 30 Jahren	2,0 % p. a. Banksparplan	7,0 % p. a. ausgewogener Mischfonds
30 €	10 800 €	14 763 €	35 295 €
50 €	18 000 €	24 605 €	58 825 €
70 €	25 200 €	34 446 €	82 356 €
100 €	36 000 €	49 209 €	117 651 €
200 €	72 000 €	98 418 €	235 302 €
300 €	108 000 €	147 627 €	352 953 €
500 €	180 000 €	246 045 €	588 255 €

Die Zeit

Auch sie ist Ihr Verbündeter! Wie wir oben gesehen haben, kommt der Zinseszins erst nach einigen Jahren so richtig auf Touren. Auch wenn Sie keinen größeren Einstiegsbetrag zur Verfügung haben, sondern »nur« monatlich sparen können, kommt ganz schön was zusammen – wenn Sie früh anfangen und kontinuierlich dranbleiben.

Nutzen Sie dafür einen guten Aktienfonds oder einen Mischfonds mit höherer Aktienquote. Denn die Wahrscheinlichkeit, dass Sie ein schlechteres Ergebnis erreichen als mit festverzinslichen Anlagen, sinkt mit zunehmender Anlagedauer erheblich!

Wie sich Ihr Kapital bei laufender monatlicher Einzahlung über die Zeit vermehrt, sehen Sie hier. Für die langfristige Mischfonds-Rendite nehmen wir erneut 7 % an:

7,0 %	10 Jahre	20 Jahre	30 Jahre	40 Jahre
30 €	5 163 €	15 318 €	35 295 €	74 594 €
50 €	8 604 €	25 530 €	58 825 €	124 323 €
70 €	12 046 €	35 742 €	82 356 €	174 052 €
100 €	17 208 €	51 060 €	117 651 €	248 646 €
200 €	34 417 €	102 120 €	235 302 €	497 291 €
300 €	51 625 €	153 180 €	352 953 €	745 937 €
500 €	86 042 €	255 299 €	588 255 €	1 243 228 €

Sie können mit monatlich 30 Euro, also einem Einsatz von insgesamt 14 400 Euro, nach 40 Jahren gut 74 000 Euro erreichen! Mit Ihren kostenlosen Helfern: dem Zinseszinseffekt und der Zeit.

Auf die Altersvorsorge (zum Beispiel in Form einer Rentenversicherung) bezogen, sehen Sie, dass es sich lohnt, früh zu beginnen. Eine überschlägige Regel besagt, dass Sie die Spar-rate alle 10 Jahre in etwa verdoppeln müssen. Eine 30-Jährige muss also doppelt so viel monatlich einzahlen wie eine 20-Jährige, um einmal die gleiche Rente zu erreichen. Die 40-Jährige muss gut doppelt so viel wie eine 30-Jährige auf-bringen.

Kapitel 9

Das müssen Sie wissen – unbedingt!

Was macht die Inflation mit meinem Geld?

Inflation bezeichnet die laufende Geldentwertung, also den Kaufkraftverlust. Sie ist ein nicht zu unterschätzendes Risiko für Ihren Vermögensaufbau. Sie als Anlegerin können die Inflation nicht beeinflussen. Aber Sie können und sollten darauf reagieren.

Worum geht es bei Inflation und Geldanlage?

Sie lesen es in der Zeitung und hören es in den TV-Nachrichten, was alles schon wieder teurer geworden ist, vom Öl bis zur Milch oder den Tomaten. Wenn aber alles immer mehr kostet, wird unser Geld schleichend weniger wert. Das muss nicht negativ sein: Inflation bewirkt eine laufende Nachfrage, weil es bei steigenden Preisen günstiger ist, JETZT zu kaufen als später. Wenn alle Kosten (auch die Lohnkosten) steigen, werden höhere Ausgaben durch steigende Einnahmen (Löhne) aufgefangen.

Eine zu schnell ansteigende oder eine zu hohe Inflation aber bringt dieses System aus dem Gleichgewicht. Deshalb steuert bei uns im Euroraum die Europäische Zentralbank mit geldpolitischen Maßnahmen dagegen. Sie legt z. B. die Höhe der Zinsen fest und damit den Preis des Geldes. Ist die Inflation hoch, werden die Zinsen erhöht, um das Geld zu verteuern und es damit aus dem Markt zu nehmen. Das heißt, Kredite werden teurer, also stellen Unternehmen, aber auch Privatleute ihre Investitionen zurück. Andererseits bringen Sparanlagen mehr, also wird weniger Geld ausgegeben, mehr angelegt und damit dem Geldkreislauf entzogen.

Ist die Inflation gering, werden die Zinsen reduziert, um mehr Geld in Umlauf zu bringen und den Unternehmen günstige Kredite für Investitionen zu ermöglichen.

Die Zinsen, die von der Europäischen Zentralbank festgelegt werden, spiegeln sich in den Zinsen, die wir als Anlegerinnen und Anleger bei unseren Sparanlagen, Tagesgeld oder Festgeld bekommen. Zinsen und Inflationsrate sind also untrennbar miteinander verbunden. In den letzten 60 Jahren war das gut zu beobachten: Nach der Wiedervereinigung beispielsweise stieg die Inflationsrate auf über 5 %. Es gab aber auch für Bundesschatzbriefe oder Festgeldanlagen etwa 7 % Zinsen.

Es ist also mit Zinsanlagen sehr gut möglich, die laufende Geldentwertung kurzfristig aufzufangen. Es ist aber nicht möglich, dauerhaft, also langfristig, einen guten Gewinn über den Inflationsverlust hinaus zu erzielen. Denn Sie haben noch einen zweiten »Feind« bei Ihrer Vermögensplanung: die Steuer.

Mir reichen 2 % Rendite, Hauptsache sicher!

Wenn ich täglich diese TV-Nachrichten sehe: DAX rauf und runter, Kursrutsch an der Wall Street usw., dann krieg ich Zustände und will nur noch auf Tagesgeld vertrauen. Das reicht mir, auch wenn mit Aktienfonds noch so viel Rendite zu erzielen ist. Das sagt Olivia L., 27.

20 000 Euro hat sie geschenkt bekommen und erspart. Ein Teil soll als eiserne Reserve dienen, der andere aber durchaus längerfristig, vielleicht auch zur Altersvorsorge, angelegt werden.

Der Gedankengang von Olivia L. ist durchaus verständlich. Er ist aber nicht vernünftig, und zwar aus folgendem Grund: Wenn Geld nur kurzfristig angelegt werden kann, dann gibt es nur Tages- oder Festgeld, das ist wahr. Risiken müssen da immer ausgeschlossen werden. Bei langfristiger Planung aber stimmt diese Überlegung ganz und gar nicht mehr. Denn dann muss bei Ihrer Rechnung der sogenannte Realzins berücksichtigt werden. Und der sagt aus, was nach Abzug der Inflationsrate und der Steuer tatsächlich übrig bleibt.

Die Inflationsrate ist die Geldentwertung. In der EU gibt es eine Obergrenze, über die eine Inflationsrate längerfristig nicht steigen sollte. Im langfristigen Mittel der letzten Jahrzehnte lag sie bei etwa 2 %.

Neben der Inflationsrate müssen Sie natürlich auch die Abgeltungssteuer von 25 % berücksichtigen, die auf Erträge anfällt, um zu sehen, was Ihnen unterm Strich tatsächlich bleibt. Jedenfalls dann, wenn der aktuelle Sparerfreibetrag von jährlich 801 Euro (Ehepaare 1602 Euro) überschritten ist.

Zinssatz		2 %
Abgeltungssteuer 25 %	./.	0,5 %
=		1,5 %
Inflationsrate	./.	2,0 %
= Realzins	Minus	0,5 %

Nach Abzug von Inflationsrate und Abgeltungsteuer erwirtschaftet Olivia L. also mit ihrer Geldanlage ein MINUS. Damit kann sie, ganz klar, nicht einmal den Wert ihres Geldes erhalten.

Wenn Sie langfristig aus Ihrem Geld Vermögen machen wollen, vor allem für die Altersvorsorge, müssen Sie also Anlagen wählen, die steuerlich günstig sind, wie zum Beispiel private Rentenversicherungen, dann entfällt schon mal die Abgeltungssteuer. Oder Sie entscheiden sich für Geldanlagen, die über lange Jahre hinweg die Chance auf deutlich höhere Gewinne bieten. Und das sind solide, breit gestreute Aktienfonds oder Mischfonds. Keine andere Geldanlage hat in der Vergangenheit über 15, 20 und mehr Jahre eine durchschnittliche Jahresrendite von 8 bis 10 % erzielt. Und wenn Sie das berücksichtigen, dann kann sie so aussehen, Ihre Rendite:

Fondsrendite		8,0 %
Abgeltungssteuer 25 %.	./.	2,0 %
=		6,0 %
Inflationsrate	./.	2,0 %
ergibt Realzins		4,0 %

Es ist also wichtig, Gewinne zu erzielen!

Aber es ist doch schon gut, wenn nichts durch die Inflation ver-loren geht, meinen Sie.

So zu denken, müssen Sie sich leisten können. Nur wer Ka-pitalZUWACHS nicht nötig hat, kann sich mit Kapital-ERHALT zufriedengeben. Die meisten von uns sind aber auf Zuwachs angewiesen, denn die finanziellen Mittel sind in der Regel begrenzt.

Ein Beispiel:
Für eine lebenslange monatliche Rente von 500 Euro ab 67 benötigen Sie zum Beginn Ihres Ruhestands einen Kapital-stock von ca. 100 000 Euro. Um diesen aufzubauen, dauert es mit einer Einzahlung von monatlich 100 Euro bei einer Rendite von 6 % etwa 30 Jahre. Diese Rendite können Sie über so lange Zeit mit einem Mischfonds, der einen höheren Aktienanteil hat, erreichen. Möchten Sie dasselbe mit einer risikoärmeren Anlage und einer Rendite von 4 % erreichen, müssten Sie 30 Jahre lang statt 100 Euro 150 Euro monatlich einzahlen.
Und dazu kommt: Eine Rente von 500 Euro ist selbst bei einer relativ niedrigen Inflationsrate von ca. 2 % nach diesen 30 Jahren fast nur noch die Hälfte an Kaufkraft wert.

Wenn Sie also immer nur »sicher« anlegen, um alle Risiken zu vermeiden, wenn zum Beispiel alles verfügbare Geld im-mer nur auf Tagesgeld- oder Festgeldkonten liegt, gehen Sie ein anderes »Risiko« ein:
Im Alter keine ausreichenden Mittel zur Verfügung zu haben.

Risiko – was ist das eigentlich?

Risiken gibt es überall und in jeder Disziplin. In der Physik kann ein Experiment schiefgehen und Schaden anrichten, beim Fußball kann ein einziges Foul einen Topspieler für eine ganze Saison lahmlegen. Im Alltag kann man beim Aussteigen aus dem Auto oder dem Bus in eine tiefe Pfütze treten, im Winter ausrutschen usw. Risiken lauern also überall.

Aber:
Wo wären wir, wenn nicht seit Jahrhunderten Menschen Risiken eingegangen wären? Amerika wäre nicht entdeckt worden, wenn es Kolumbus nicht gewagt hätte, über den Atlantik zu segeln. Die Mondlandung hätte auch nicht stattgefunden. Ohne riskante und kostspielige Forschung gäbe es keine Autos, keine Flugzeuge, keine erneuerbaren Energien usw. Und ohne Menschen, die bereit sind, etwas zu riskieren, gäbe es kein Unternehmertum, die Stütze der Wirtschaft.
Dennoch denken die meisten Deutschen bei Risiko erst einmal an Gefahr oder Bedrohung.

Was ist also Risiko, und muss man sich davor fürchten?

Risiko lässt sich allgemein definieren als die Möglichkeit eines negativen Ausgangs eines Ereignisses. Wichtig dabei ist, mit welcher Wahrscheinlichkeit es zu diesem negativen Ausgang kommen könnte. Auch kann es sein, dass ein Ereignisverlauf für einen selbst negativ erscheint, von jemand anderem aber durchaus positiv bewertet wird.

Sie sehen schon, es gibt immer zwei Seiten einer Medaille, und das Risiko ist die andere Seite der Chance! Kommt es also nur auf den Blickwinkel an?

Na ja, es kann wirklich nicht viel Gutes daran sein, mit neuen Lederschuhen in eine Pfütze zu treten. Aber, seien Sie ehrlich, Sie wussten doch, dass es regnet! Da können Sie nicht erwarten, dass die Straße trocken ist.

So (oder so ähnlich) ist es auch mit der Einschätzung verschiedener Geldanlagen und Ihrer eigenen Risikobereitschaft. Denn die verschiedenen Geldanlagen haben unterschiedliche Risikoprofile. Das heißt, Sie können einschätzen, was Sie bei welcher Geldanlage erwartet, und dann entscheiden, wie viel Risiko Sie tragen wollen.

Wenn Sie zum Beispiel einen Aktienfonds kaufen, müssen Sie mit höheren Schwankungen rechnen, nach unten und nach oben. Denn vieles an den Börsen ist Psychologie und entspricht nicht der wirtschaftlichen Realität. Wenn schlechte Nachrichten die Schlagzeilen beherrschen (über Kriege, Katastrophen, hohe Staatsschulden usw.), können die Börsen »nervös« werden und die Aktienkurse gesunder Unternehmen fallen, ohne dass es ihnen wirklich plötzlich schlecht geht. Gesunde Unternehmen mit zufriedenstellender Auftragslage und guten Zukunftsaussichten sind an den Börsen dann »unterbewertet«, also billig zu haben. Die einen denken dann: »Oh Gott, ich habe was verloren!«, die anderen: »Super! Das sind ja tolle Einstiegspreise, ich kaufe jetzt!« Zwei Seiten ein und derselben Medaille.

Dass es nicht sinnvoll und empfehlenswert ist, Anteile zu verkaufen, also Geld zu entnehmen, wenn die Kurse gerade gefallen sind, wissen Sie. Auf der anderen Seite wissen Sie auch, dass sich nach Krisen die Kurse wieder erholen und sich Ihr Aktienfonds bald wieder in die Gewinnzone drehen kann. Das Vertrauen in Wirtschaft und Unternehmen ist wiederhergestellt, gesunde Unternehmen werden wieder realistischer bewertet, der Aktienkurs ist wieder gestiegen. Langfristig ist der Trend ausgewogener Aktienfonds positiv.

Fazit für Aktienfonds

Das Risiko, mit einem guten Aktienfonds Geld zu verlieren, besteht darin, die Nerven zu verlieren und zum falschen Zeitpunkt zu verkaufen, also dann, wenn die Kurse gefallen sind. Bei einer Investition in Aktienfonds dürfen Sie das Geld also nicht zu einem bestimmten Zeitpunkt benötigen.

Die Voraussetzung für eine Investition in einen Aktienfonds ist also, dass Sie eine längere Anlagezeit einplanen. Dann profitieren Sie vom langfristigen positiven Trend, und dann lohnt sich diese Anlage für Sie!

Also: höheres Risiko zugunsten einer langfristig höheren Rendite.

Fazit für Bausparverträge

Ganz anders sieht es zum Beispiel bei einem Bausparvertrag aus. Ob Sie ihn lediglich zum Sparen verwenden (also kein Darlehen beanspruchen) oder tatsächlich zum Bauen, Kaufen oder Renovieren einer Immobilie – Sie wissen am Anfang schon, was am Ende herauskommt. Die Zinsen während der Laufzeit sind fix, alles kann genau kalkuliert werden.

Das Risiko für Sie liegt hier fast bei null. Sie haben aber mit dieser Anlage von vornherein auch keine Chance, mehr zu erwirtschaften.

Also: wenig Risiko auf Kosten der Rendite.

Diejenigen, die jetzt denken: »Ja wenn das so ist, dann nehme ich halt nur Anlagen, die sicher sind, wie den Bausparvertrag!«, müssen wir an dieser Stelle enttäuschen. Denn von sagen wir 4 % bleibt längerfristig abzüglich Abgeltungssteuer und Kaufkraftverlust nicht mehr viel übrig. Mit anderen Worten: Sicherheit bezahlen Sie immer mit einer niedrigen Rendite! Und das können Sie sich auf Dauer nicht leisten.

Sie brauchen Risiko!

Mit einem Teil Ihrer Anlagen müssen Sie also mehr Risiko in Kauf nehmen, wenn Sie langfristig den Ertrag steigern und Ihr Vermögen ausbauen wollen!

Kurzfristig gedachte Anlagen sollten wenig Risiko bergen, mittelfristige Anlagen können schon ein leicht höheres Risiko beinhalten. Bei langfristigen Anlagen sollten Sie das Wagnis eingehen und ein hohes Risiko, wie zum Beispiel in einem Aktienfonds, in Kauf nehmen.

Das Magische Dreieck – da muss selbst Harry Potter passen

Selbst wenn es schon hundertmal beschrieben wurde, auch wir kommen in diesem Buch nicht daran vorbei. Denn das Magische Dreieck erklärt die wichtigste Grundregel bei der Geldanlage: Es gibt keine höhere Rendite ohne erhöhtes Risiko.

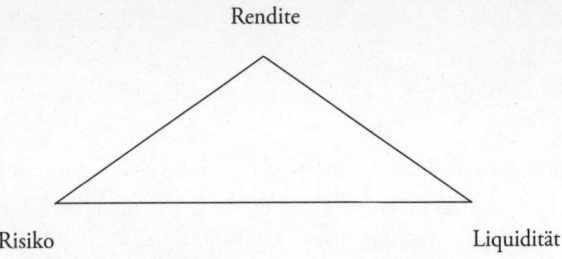

Rendite

Risiko   Liquidität

Diese drei Ziele, und das ist ganz wichtig, gibt es nicht in einer einzigen Geldanlage. Alle drei Ziele stehen in Konkurrenz zueinander. Magisches Dreieck heißt es, weil nur Magie die gegenseitige Abhängigkeit von Rendite, Risiko und Liquidität außer Kraft setzen könnte.

Liquidität

Das heißt, Ihr Geld ist jederzeit verfügbar, wie z.B. bei Tagesgeld oder Festgeld.

Rendite

Der Begriff sagt aus, was Ihnen Ihr eingesetztes Kapital in einer bestimmten Zeit, zum Beispiel in einem Jahr, bringt. Neben Zinsen sind das beispielsweise Kurssteigerungen bei Aktien und Aktienfonds, Dividenden oder Mieteinnahmen bei Immobilien.

Risiko

Dazu haben Sie ja nun auf den vorhergehenden Seiten einiges gelesen.

Bleiben Sie also realistisch und schauen Sie genau hin, wenn Ihnen eine Geldanlage angeboten wird. Wunder gibt es bei der Geldanlage nicht. Die Verbindung von hoher Rendite mit mäßigem Risiko und jederzeitiger Verfügbarkeit gibt es nur dann, wenn Sie Ihr Kapital streuen, das heißt, auf mehrere Geldanlagen verteilen.

Wer nicht streut, rutscht aus!

Es gibt Leute, bei denen liegt viel Geld aus einer Erbschaft jahrelang auf einem schlecht verzinsten Sparbuch! Bei anderen ist alles in Aktien angelegt oder in Lebensversicherungen. Egal wie und wo. Sie haben einen der wichtigsten Grundsätze der Geldanlage nicht berücksichtigt: den der Streuung. Und das ist leider weit verbreitet. Nach einer Umfrage des Bundesverbands der Investmentgesellschaften ist nur für 6 % der Befragten die Risikostreuung bei der Auswahl der Geldanlage ausschlaggebend.

Was meinen Sie mit Streuung?

Streuung heißt nicht, dass Sie nun querbeet in alles investieren sollten, was Ihnen angeboten wird, vom Bankberater oder von wem auch immer. Nein, wir meinen eine gut überlegte Anlage mit System. Das heißt, es werden verschiedene Geldanlagen kombiniert, die unterschiedliche Ziele mit unterschiedlichen Risiken verfolgen, deren Renditen sich möglichst unabhängig voneinander entwickeln. Das Risiko nimmt ab und die Renditechancen steigen, wenn Sie so vorgehen.
Es gibt nicht DEN richtigen Weg! Entscheidend für die Mischung sind Ihr individueller Anlagehorizont und Ihre Risikobereitschaft.

Aber ich habe doch noch nicht so viel Geld!

Das macht gar nichts. Wichtig ist aber, dass Sie einen Plan haben und gezielt anlegen.
Ihre Vermögensanlage kann in jungen Jahren beginnen mit Tagesgeld für die Reserve, einem Bausparvertrag mit höheren Zinsen für die mittelfristige Anlage, der Riester-Rente und vielleicht einem Aktienfonds, der mit vermögenswirksamen Leistungen bespart wird.
Später dann kommen andere Bausteine dazu: weitere Mischfonds oder Aktienfonds, die in andere Bereiche investieren, eine gewinnversprechende britische Rentenversicherung, betriebliche Altersversorgung und, und, und.

Unsere Meinung:
Die Streuung ist einer der wichtigsten Grundsätze bei der Geldanlage. Aber auch hier können
wir nur sagen: Lassen Sie sich professionell beraten und bei Ihrem Vermögensaufbau beglei-
ten. Ihr Geld soll's ja einmal besser haben!

Achtung, Renditekiller!

Auch die müssen Sie kennen. Sonst wird es ja nichts mit
Ihrem Vermögen! Denn Geld wird nicht nur vernichtet,
wenn die Börse kracht. Auch unkluger Umgang mit Geld
verhindert Ihren langfristigen Anlageerfolg.

Zehn Renditekiller, die Sie kennen sollten:

Renditekiller Nr. 1: Pessimismus

»Die Zeiten sind so unsicher, da kann ich doch mein Geld
nicht längerfristig anlegen!« Pessimismus ist beim Geldanlegen fatal. Wer immer nur Schlechtes für die Zukunft erwartet, lässt im Zweifelsfall das Geld lieber auf einem Tagesgeldkonto und kassiert dafür oft Zinsen, die niedriger sind
als die Inflationsrate. Und versteuern müssen Sie die ja auch
noch!
Besser:
Behalten Sie nur eine eiserne Reserve auf dem Tagesgeldkonto. Legen Sie das andere Geld länger und lukrativer an.

Renditekiller Nr. 2: Unwissenheit und Bequemlichkeit

Dass alles zu kompliziert ist – damit rechtfertigen viele ihre Weigerung, sich mit dem Thema Geldanlage überhaupt zu beschäftigen. Dabei stimmt, was schon Marie von Ebner-Eschenbach (1830–1916) sagte: »Wer nichts weiß, muss alles glauben.«

Besser:

Erwerben Sie wenigstens ein Minimum an Grundwissen, um Bank- oder sonstigen Anlageberatern im Gespräch nicht hilflos ausgeliefert zu sein.

Renditekiller Nr. 3: Mangelnde Planung

Die wenigsten überlegen sich, was sie mit ihrer Geldanlage erreichen möchten. Ist es eine kurzfristige Investition, weil in einem Vierteljahr ein Autokauf angesagt ist? Eine mittelfristige, weil dann eine Zusatzausbildung beginnt, die viel Geld kostet? Oder wollen Sie fürs Alter vorsorgen?

Der Anlagehorizont ist wichtig, denn er bestimmt die Art der Geldanlage. Eine kurzfristige Anlage muss risikolos sein, eine mittelfristige darf ein begrenztes und überschaubares Risiko beinhalten. Eine langfristige Anlage könnte ein größeres Risiko vertragen.

Besser:

Sich vorher überlegen, was zu welcher Zeit mit dem Geld geschehen soll. Und sich dann professionell beraten lassen, um herauszufinden, was zu Ihnen und Ihrer Lebenssituation passt.

Renditekiller Nr. 4: Keine Risikostreuung

Es gibt Anleger, die haben alles, was sie besitzen, in einen einzigen Aktienfonds investiert, weil der irgendwann gut bewertet wurde. Oder das gesamte Geld dümpelt auf einem Festgeldkonto vor sich hin. Auch das haben wir schon erlebt: drei Bausparverträge, obwohl gar nicht beabsichtigt ist, eine Immobilie zu kaufen.

Besser:

Einen der wichtigsten Grundsätze bei der Geldanlage berücksichtigen – die Streuung. Bei einer gut überlegten Anlage mit System werden verschiedene Geldanlagen miteinander kombiniert, die verschiedene Ziele mit unterschiedlichen Risiken verfolgen und deren Erträge sich möglichst unabhängig voneinander entwickeln.

Renditekiller Nr. 5: Ungeduld

»Niemand, der Getreide anbaut, gräbt die Saat nach zwei Tagen wieder aus, um zu sehen, ob sie aufgegangen ist. Viele Anleger dagegen wollen mittags ein Konto eröffnen und abends den Gewinn kassieren«, klagte einmal Charles Henry Dow, einer der Erfinder des Dow-Jones-Index. Wie recht er doch hatte!

Besser:

Bei Aktienfonds und Aktien bedenken, dass es sich um langfristige Anlagen handelt, die Schwankungen unterliegen.

Renditekiller Nr. 6: Zu wenig Disziplin

Durchhalten ist schon beim Joggen und Abnehmen schwer, beim Sparen aber ist es unerlässlich. Leider erleben wir immer wieder, dass Sparpläne für die Altersvorsorge eingerichtet werden, durchaus mit dem festen Vorsatz durchzuhalten. Aber dann kommt irgendetwas dazwischen: Eine tolle Reise lockt, das schicke Sofa ist reduziert oder was auch immer. Und dafür werden dann Fondssparpläne aufgelöst und Rentenversicherungen gekündigt.

Das ist ökonomisch absolut unsinnig, denn bei Rentenversicherungen zum Beispiel werden die Kosten für den Sparvertrag in den ersten fünf Jahren abgerechnet. Das heißt, Sie machen einen echten Verlust, wenn Sie den Sparplan vorzeitig beenden. Und wenn Sie wieder neu mit einer Sparmaßnahme zur Altersvorsorge beginnen, fangen Sie kostenmäßig ganz von vorn an und haben inzwischen wertvolle Jahre verloren. Der gewinnbringende Zinseszinseffekt verpufft.

Besser:

Bei Geldanlagen für die Altersvorsorge unbedingt durchhalten. Und dafür lieber mal eine Weile auf ein neues Sofa oder auf eine Reise verzichten.

Renditekiller Nr. 7: Fehlender Mut

»Mögen tät ich schon wollen, aber dürfen hab ich mich nicht getraut«, so was konnte natürlich nur von Karl Valentin (1882–1948) kommen. Dieser Spruch passt sehr gut zur Einstellung vieler Anlegerinnen zum Risiko. Aber mit Festgeld oder Sparbuch allein gelingt es nicht, ein Vermögen aufzubauen.

Besser:

Wenn Sie Ihr Geld länger als fünf Jahre anlegen können, dann sollten Sie ein kalkulierbares Risiko eingehen. Nur dann haben Sie eine Chance auf höhere Rendite. Es müssen ja nicht gleich riskantere Aktienfonds sein. Erstklassige und bewährte Mischfonds z. B. werden mit unterschiedlich hohen Aktienanteilen angeboten. Besonders bewährt haben sich in der Krise diejenigen gemischten Fonds, die den Aktienanteil der Marktlage anpassen können.

Renditekiller Nr. 8: Hin und her ...

... macht Taschen leer!

In umsatzschwachen Zeiten werden Bankmitarbeiter massiv dazu angehalten, die Depots der Kunden oft umzuschichten, um mehr Umsatz zu erwirtschaften, denn dabei fallen ja immer wieder neue Abschluss-Gebühren an. Aber: Warum sollte der Fonds, der vor einem halben Jahr dringend empfohlen wurde, plötzlich nicht mehr interessant sein? Und warum werden als Alternative so gut wie immer brandneue Fonds der bankeigenen Fondsgesellschaft empfohlen?

Besser:

Wachsam sein, wenn Ihr Bankberater wieder einmal zur Umschichtung rät, und die jeweiligen Vor- und Nachteile unbedingt abwägen.

Renditekiller Nr. 9: Panik

Beim Geldanlegen sollten Sie sich nicht ausschließlich von Gefühlen leiten lassen. Angst und Panik sind immer schlechte Ratgeber.

Das wird deutlich am Beispiel von Sonja D. (24).

Nach eingehender Beratung hat sie in einen weltweit anlegenden, erstklassigen Aktienfonds investiert. 20 Jahre mindestens will sie ihn behalten.

Nach zwei Jahren gibt es eine schwere Krise. Sonja D. gerät in Panik, ihr Fonds ist plötzlich 40 % weniger wert. Sie denkt nicht mehr an ihren geplanten Anlagehorizont von 20 Jahren und mehr. Sie löst alles auf und legt das Geld auf ein Tagesgeldkonto. Die Krise dauert. Wie immer überbieten sich die Medien mit allen möglichen Schreckensszenarien. Sonja D. kann nicht mehr schlafen, sie löst ihr Tagesgeld auf und kauft nun Gold.

Sonja D. hat also ihren guten Aktienfonds auf dem Tiefstand mit Verlust verkauft. Und bei Gold ist sie auf dem Höchststand eingestiegen.

Nach einiger Zeit steigen die Aktienkurse wieder. Die Wirtschaft boomt. Noch hält sich zwar der Goldpreis auf hohem Niveau. Wenn aber der Wirtschaftsboom anhält, die Zuversicht der Menschen wieder steigt, wird der Goldpreis sinken. So war es in jeder Krise, und so wird es auch diesmal wieder sein.

Und Sonja D. hätte dann mit ihrer unüberlegten Verhaltensweise Teile ihres Geldes tatsächlich vernichtet.

Besser:

Lassen Sie sich bei Entscheidungen für die Geldanlage nicht ausschließlich von Gefühlen leiten. Panik, aber natürlich auch Euphorie, sind immer schlechte Ratgeber.

Renditekiller Nr. 10: Aufschieberitis

Sie wollen erst später für die Altersvorsorge sparen? Das rächt sich! Hier ein Überblick, was Sie bis 67 erreichen, wenn Sie jeden Monat 100 Euro anlegen (bei durchschnittlich 5 % Rendite im Jahr):

Beginn mit 20   ca. 219 000 Euro
Beginn mit 30   ca. 125 000 Euro
Beginn mit 40   ca. 67 379 Euro

Besser:
Warten Sie nicht zu lange mit der Altersvorsorge. Später ist
JETZT! Jedes Jahr, das Sie beim Sparen versäumen, wird
Ihnen fehlen.

Geben Sie also den Renditekillern keine Chance!
Werden Sie sich über Ihr Anlageziel und den dazu passenden Weg
klar und verfolgen Sie diesen Weg konsequent.
Treffen Sie keine gefühlsbetonten Entscheidungen.
Überprüfen Sie Ihre Ziele und Ihren Weg immer dann – und nur
dann –, wenn sich Ihre Lebensumstände grundlegend ändern.
Aber jagen Sie nicht irgendwelchen Trends hinterher und wechseln
Sie nicht ständig von einer Anlage zur nächsten. Das kostet alles
nur Ihr Geld.
Gehen Sie vernünftige Risiken ein. Nur wer etwas wagt, gewinnt.

Kapitel 10

Steuern – nicht zu umgehen

Die Abgeltungssteuer

Seit der Einführung der Abgeltungssteuer am 1.1.2009 ist es ganz einfach: Auf Erträge, die Ihre Geldanlage bringt, also Zinsen, Dividenden, Kursgewinne, werden jeweils 25 % an das Finanzamt abgeführt. Nach welchem Steuersatz Sie tatsächlich besteuert werden, spielt keine Rolle. Mit diesem Abzug, der von der Bank vorgenommen wird, ist die Steuer abgegolten, daher der Name.

Wer weniger als 25 % Steuern zahlt, beispielsweise Geringverdiener und Rentner, kann die zu viel bezahlte Steuer auf Antrag vom Finanzamt zurückfordern.

Die Abgeltungssteuer wird aber erst dann fällig, wenn Ihre Kapitalerträge Ihren jährlichen Freibetrag von 801 Euro (Verheiratete 1602 Euro) übersteigen. Dieser Freibetrag wird allerdings nur dann wirksam, wenn Sie Ihrer Bank einen sogenannten Freistellungsauftrag erteilen. Diesen Freistellungsauftrag können Sie auch auf mehrere Banken verteilen. Er darf aber insgesamt natürlich nicht mehr als 801 Euro betragen.

So viel Geld kann im Rahmen des Freibetrags steuerfrei angelegt werden bei unterschiedlich hohen Zinssätzen:

Zins	Anlagebetrag (bei Unverheirateten)
2 %	40 050 Euro
3 %	26 700 Euro
4 %	20 025 Euro
5 %	16 020 Euro

Bei Verheirateten ist es jeweils der doppelte Betrag.

Nicht unter die Abgeltungssteuer fallen

Immobilien

Die Mieteinnahmen müssen in der Steuererklärung angegeben und mit Ihrem persönlichen Steuersatz versteuert werden.

Private Rentenversicherungen

Das ganz große Plus: Zinszahlungen in einer Rentenversicherung, die während der Laufzeit anfallen, sind steuerfrei. Das belastet also Ihren Freibetrag nicht.

Am Ende der Laufzeit können Sie sich dann das angesammelte Kapital auszahlen lassen oder stattdessen eine lebenslange Rente wählen. Bei der Auszahlung des Kapitals müssen die angefallenen Zinsen nur zur Hälfte versteuert werden, wenn eine Laufzeit von 12 Jahren eingehalten wurde und Sie bei der Auszahlung über 62 Jahre alt sind.

Wählen Sie die lebenslange Rente, wird's steuerlich noch günstiger, denn die monatliche Rente wird nur mit dem sogenannten Ertragsanteil versteuert. Der ist aber sehr gering. Er richtet sich nach dem Alter, in dem Ihre private Rentenzahlung beginnt, und bleibt während der gesamten Rentenbezugszeit gleich.

Wenn Sie zum Beispiel beim Ablauf Ihrer Versicherung 67 Jahre alt sind und aus einer privaten Rentenversicherung eine monatliche Zusatzrente von 500 Euro beziehen, dann beträgt der Ertragsanteil nur 17 %. Das heißt, nur 85 Euro Rente pro Monat müssen versteuert werden.

Kann ich denn überhaupt noch Steuern sparen?

Ja, mit der Riester-Rente. Neben den staatlichen Zulagen können Sie noch von Steuervorteilen profitieren. Wenn Sie in einen Riester-Vertrag einzahlen, können Sie die Beiträge (bis 2100 Euro jährlich) als Sonderausgaben in der Steuererklärung geltend machen.

Und mit der Rürup-Rente? Sie ist das lukrativste Steuerspar-Bonbon! Am meisten profitieren davon Selbstständige, außerdem Freiberufler und Angestellte mit hohem Einkommen. Diese Berufsgruppen können den maximal möglichen Jahresbeitrag von 20 000 Euro (bei Verheirateten sind es 40 000 Euro) jährlich in einen Rürup-Vertrag einzahlen. Der Clou: 74 % der Einzahlung sind im Jahr 2012 steuerlich absetzbar. Dieser Prozentsatz steigt jährlich um 2 %, bis im Jahr 2025 100 % absetzbar sind.

Nachgelagerte Besteuerung

Der Staat gibt und der Staat nimmt!

Sowohl bei der Riester-Rente als auch bei der Rürup-Rente und bei der betrieblichen Altersversorgung gilt die sogenannte nachgelagerte Besteuerung. Sie wurde eingeführt mit dem

Alterseinkünftegesetz, das am 1. Januar 2005 in Kraft trat. Das Prinzip dieses Gesetzes heißt »fördern und fordern«.

Gefördert werden die Riester-Rente, die Rürup-Rente und die betriebliche Altersversorgung. Es gibt bei diesen Rentenversicherungsvarianten erhebliche Steuervorteile und bei der Riester-Rente außerdem staatliche Zulagen. Dafür aber müssen die lebenslangen Renten aus diesen Vorsorgemodellen versteuert werden.

Der Vorteil der nachgelagerten Besteuerung ist, dass Sie die Steuervergünstigungen erhalten, solange Sie berufstätig sind, also kräftig Steuern zahlen. Die späteren Renten, die dann zu versteuern sind, fallen in eine Zeit, in der das Einkommen und damit auch die Steuern in der Regel niedriger sind als in der aktiven Berufszeit, sodass sich die Steuerabzüge in Grenzen halten.

☞ **Unsere Meinung:**

Im Rahmen eines Finanzratgebers müssen wir Sie auf die aktuellen steuerlichen Gegebenheiten hinweisen.

Aber über Steuern im Rentenalter sollten Sie sich jetzt wirklich noch keine Gedanken machen. Sie haben bis zu Ihrem Ruhestand noch sehr lange Zeit. Wer weiß, wie sich die Steuergesetzgebung bis dahin verändern wird.

Nehmen Sie also jetzt ruhig alles mit, womit der Staat Ihre Sparvorhaben fördert. Denn alles, was Sie heute geschenkt bekommen, müssen Sie nicht selbst sparen. Und was der Staat später von Ihnen fordern wird, steht heute noch in den Sternen.

Kapitel 11

Das wünsche ich mir

Eine eigene Immobilie

Die meisten Menschen wünschen sich eine eigene Wohnung oder ein eigenes Haus. Es ist ja auch schön, keine Mieterhöhung oder gar Kündigung befürchten zu müssen und die Wohnung nach eigenem Geschmack gestalten zu können. Aber: Neben der Altersversorgung ist die Immobilie mit Sicherheit die teuerste Investition, die Sie in Ihrem Leben tätigen werden.

In den ersten Berufsjahren dürfte sich dieser Traum mangels Kapital ohnehin nicht erfüllen lassen, es sei denn, Sie haben geerbt. Nach unserer Erfahrung sollte in dieser Zeit der Beruf im Vordergrund stehen. Arbeitgeber verlangen heute Mobilität. Durch eine Immobilie zu sehr auf einen Wohnort festgelegt zu sein, kann sich eher nachteilig auswirken.

Wenn sich Ihr Wunsch in einem überschaubaren Zeitraum (beispielsweise in zehn Jahren) erfüllen soll, dann müssen Sie planen. Und Sie müssen sparen! Sie brauchen ja einiges an Eigenkapital, damit die Immobilie nicht zu einem Klotz am Bein wird.

Die Finanzierung

Erfahrungsgemäß ist es sinnvoll, auf drei Säulen zu bauen: Eigenkapital, Bankfinanzierung, Bausparvertrag.

Wozu ein Bausparvertrag?

Der enorme Vorteil eines Bausparvertrags ist die Zinssicherheit, die Sie damit erwerben. Angenommen, Sie sind jetzt 25 und möchten spätestens mit 35 in der eigenen Immobilie wohnen. Dann wissen Sie heute schon, was Sie in zehn Jahren an Zinsen bezahlen. Denn: Der beim Vertragsabschluss vereinbarte Zinssatz gilt auch dann, wenn die Zinsen inzwischen kräftig steigen sollten. Das heißt, mit einem Bausparvertrag können Sie wirklich planen und die künftigen Kosten realistisch einschätzen.

Ein weiterer Vorteil, der allerdings erst dann relevant ist, wenn es konkret wird: Sie können ein Bauspardarlehen jederzeit zurückzahlen. Das ist also anders als bei einem Bankdarlehen.

Wie viel Eigenkapital braucht man denn?

Je mehr, desto besser! Über mindestens 20 bis 30 % des Kaufpreises sollten Sie schon verfügen, wenn die Immobilie nicht zur Belastung werden soll. Vergessen Sie nicht die Kaufnebenkosten, wie Notarhonorar, Grundbucheintragung, Grunderwerbsteuer, die mit ca. 5 % des Kaufpreises zu Buche schlagen. Eventuell kommt noch eine Maklergebühr dazu. Diese Kosten sollten Sie möglichst aus eigenen Mitteln aufbringen. Sprechen Sie mit Ihren Eltern und Großeltern. Sie lieben es meist, wenn ihre Kinder und Enkelkinder in »etwas Sicheres« investieren, und sind deshalb häufig gern bereit, Erspartes beizusteuern.

Aber so lange möchte ich nicht warten!

Yvonne B. träumt schon lange von einer eigenen Wohnung, und nun hat sie eine gefunden. Ihre Eltern haben ihr 50 000 Euro als zinsloses Darlehen zugesagt. 20 000 Euro hat sie selbst. Yvonne B. braucht aktuell noch einen Kredit von 152 000 Euro.

Bei einem Zinssatz von 3,25 % und einer anfänglichen Tilgung von 1 % zahlt sie dafür eine Monatsrate von 538,33 Euro an die Bank. Das entspricht in etwa ihrer jetzigen Nettokaltmiete. Die Nebenkosten sind auch nicht viel höher als bei ihrer Mietwohnung. Yvonne B. kann also mit einem Kauf kaum etwas falsch machen. Vorausgesetzt, die Immobilie ist das Geld wert!

Was heißt »anfängliche Tilgung«?

Die günstigste Form der Finanzierung bei der selbst bewohnten Immobilie ist das sogenannte Annuitätendarlehen bei einer Bank oder Sparkasse. Dabei zahlen Sie gleichbleibende Raten für Zins und Tilgung an die Bank. In den ersten Jahren begleichen Sie mit diesen Raten überwiegend die Kreditzinsen und tilgen nur wenig. Da Sie aber mit jeder Rate ein bisschen von Ihrem Kredit zurückzahlen, verringern sich mit der Zeit Ihre Zinszahlungen, während die Zahlungen für die Tilgung ansteigen. Deshalb ist von einer anfänglichen Tilgung die Rede.

Der Darlehensverlauf mit einer anfänglichen Tilgung:
Beispiel: Darlehen 152 000,00 Euro; Sollzinssatz 3,25 %; anfängliche Tilgung 1,00 %

Zeitverlauf	Restschuld	Zinsanteil	Tilgungsanteil
1. Jahr	152 000,00 €	4 917,15 €	1 542,81 €
2. Jahr	150 457,19 €	4 866,26 €	1 593,70 €
3. Jahr	148 863,49 €	4 813,69 €	1 646,27 €
4. Jahr	147 217,22 €	4 759,38 €	1 700,58 €
5. Jahr	145 516,64 €	4 703,27 €	1 756,69 €
.	.	.	.
.	.	.	.
.	.	.	.
10. Jahr	136 134,30 €	4 127,16 €	2 066,18 €

Was ist mit meiner Altersversorgung, wenn ich eine Immobilie kaufe?

Ihre Immobilie IST ein Teil Ihrer Altersversorgung! Wenn Sie es schaffen, bis zum Rentenalter schuldenfrei zu sein, wohnen Sie im Alter mietfrei! Und das schaffen Sie, Sie sind doch noch jung und haben noch viel Zeit.

☞ **Unsere Meinung:**

Ob es richtig ist, eine Immobilie zu kaufen oder nicht, und wie hoch die Finanzierung sein darf, das kann individuell sehr unterschiedlich sein. Es gibt keine pauschale Antwort darauf, zu sehr unterscheiden sich die persönlichen Lebensumstände. Aber für Sie ist es wichtig zu sehen, dass der Immobilienkauf kein Traum bleiben muss, wenn Sie realistisch bleiben und gut planen.

Wir finden, eine selbst genutzte Immobilie ist ein schöner Wunsch, den Sie sich, wenn es irgendwie geht, erfüllen sollten. Allerdings nur dann, wenn die Rechnung aufgeht und Sie noch zusätzlich für eine ausreichende Rente vorsorgen können.

Ein eigenes Geschäft

Junge Menschen haben meist noch keine familiären Verpflichtungen. Wenn die Geschäftsidee gut ist, spricht deshalb einiges dafür, den Schritt in die Selbstständigkeit schon früh zu wagen. Denn viel freie Zeit wird es nicht geben, bis der Laden läuft.
Wichtig:
Wer selbstständig ist, kann nicht von heute auf morgen mit einer gesicherten Existenz rechnen. Deshalb sollte genügend Kapital vorhanden sein, um einige Monate überbrücken zu können, falls die Auftragslage zu wünschen übrig lässt.

Frauen mit Ideen und Power

Anja B. möchte nicht hinter einem Schreibtisch sitzen, das wäre nichts für sie. Sie kocht gern und ist gern unter Menschen. Also macht sie ihr Hobby zum Geschäft und verkauft an ihrem Wohnort vor den Toren großer Unternehmen zur Mittagszeit handgefertigte Maultaschen. Das Interesse ist riesig!

Eine andere Idee:
Helga M. hat mit drei Freundinnen einen sogenannten »Rundumservice« gegründet. Die vier putzen, waschen, bügeln, kaufen ein, mähen Rasen, betreuen Haus und Garten in der Urlaubszeit. Und das alles ganz offiziell gegen Rechnung. In ihrem

Stadtviertel gibt es viele Geschäftsleute, die wenig Zeit haben, und ältere Menschen, denen diese Arbeiten zu viel werden. Eine gute Grundlage für geschäftlichen Erfolg!

Und noch eine tolle Idee:
Suse L. hat Modedesign studiert. Nach zwei Jahren Festanstellung weiß sie, dass das nichts für sie ist. Sie will sich selbstständig machen mit einem eigenen Modelabel für Frauen mit mehr als Größe 42.

Diese Frauen haben gute Aussichten auf geschäftlichen Erfolg. Sie haben sich vorher kundig gemacht über das Geschäftsumfeld, den Bedarf am jeweiligen Wohnort und natürlich über die Kunden, deren Bedürfnisse und Kaufverhalten.

Und wie ist es mit Ihnen?

Prüfen Sie sich genau:
Ist die Selbstständigkeit der richtige Weg für Sie? Haben Sie die erforderlichen fachlichen Qualifikationen? Und wie steht's mit Ihrer Erfahrung in der Branche? Verfügen Sie über kaufmännisches Wissen? Werden Sie von Ihrer Familie, Ihrem Partner unterstützt? Sind Sie belastbar, sowohl zeitlich als auch finanziell?

Und dann die finanzielle Seite:
Brauchen Sie Kapital für die Gründung und Startphase?
Wer leiht es Ihnen? Prüfen Sie die Angebote der Banken und die vielfältigen Förderprogramme des Bundes, der einzelnen Bundesländer und auch der Europäischen Union.
Einen umfassenden und aktuellen Überblick dazu finden Sie unter www.foerderdatenbank.de.

Formulare, Formulare:

Erkundigen Sie sich, welche Nachweise Sie für die Behörden brauchen, welche behördlichen Zulassungen oder Genehmigungen erforderlich sind.

Sie sehen schon, eine gute Idee allein genügt nicht.

Wenn Sie sich selbstständig machen wollen, ist gute Planung besonders wichtig. Eine Marktanalyse ist immer hilfreich. Sie müssen ja wissen, wen Sie ansprechen wollen und ob es überhaupt einen Bedarf für Ihre Geschäftsidee gibt.

Besuchen Sie ein Existenzgründungsseminar. Die Industrie- und Handelskammern und Berufsverbände bieten so etwas an. Sie erfahren dort, wie ein Businessplan, ein Geschäftskonzept ausgearbeitet wird, was eine Rentabilitätsrechnung ist oder wie Sie eine Liquiditätsrechnung erstellen.

Sehr wertvolle Tipps finden Sie auf dem Existenzgründungsportal des Bundesministeriums für Wirtschaft und Technologie unter www.existenzgruender.de. Dort gibt es Übersichten, Checklisten und einen Behörden-Formular-Wegweiser.

Ihre Planung steht:

Wenn es so weit ist, sollten Sie sich rechtzeitig um die wichtigsten Versicherungen kümmern. Grundsätzlich gilt für alle Branchen:

Selbstständige brauchen einen maßgeschneiderten Versicherungsschutz. Für jedes Unternehmen muss eine individuelle Lösung gesucht werden. Lassen Sie sich deshalb unbedingt von einer qualifizierten, unabhängigen Versicherungsmaklerin beraten!

Gut abgesichert

Die wichtigsten Versicherungen für Selbstständige und Freiberufler im Überblick:

Haftpflichtversicherung

Für alle Selbstständigen ist eine Berufs-, Betriebs- oder Büro-Haftpflichtversicherung unerlässlich. Denn als Firmeninhaberin haften Sie für alle Schäden, die durch Sie selbst oder Ihre Mitarbeiterinnen oder Mitarbeiter Dritten gegenüber durch grob fahrlässiges Verhalten entstanden sind.
Dabei wird zwischen Personen-, Sach- und Vermögensschaden unterschieden. Für Selbstständige in beratenden Berufen wird eine Vermögensschaden-Haftpflichtversicherung, die rein immaterielle Schäden, etwa durch Fehlberatung, Terminversäumnis etc., absichert, empfohlen.

Versicherung Ihrer Geschäftsausstattung

In welcher Form Sie Ihre Büro- bzw. Geschäftsausstattung (Einrichtung und gegebenenfalls Ware) versichern, sollten Sie im Gespräch mit einer Versicherungsmaklerin klären. So haben Sie die Möglichkeit zu entscheiden, ob Sie lediglich die üblichen Gefahren wie Feuer, Einbruchdiebstahl inklusive Vandalismus, Leitungswasser- und Sturmschaden sowie die Betriebsunterbrechung aufgrund eines solchen Schadens absichern oder ob Sie für Ihre technische Ausstattung (elektronische Geräte, Maschinen) eine separate technische Versicherung abschließen.

Rechtsschutzversicherung

Sie können eine Firmen-Rechtsschutzversicherung inklusive einer Privat-Rechtsschutzversicherung abschließen. Für den betrieblichen Teil erstreckt sich der Versicherungsschutz u. a. auf gewerblich gemietete Räume und nicht zuletzt auch auf Rechtsstreitigkeiten mit Mitarbeitern oder dem Finanzamt. Leider ist aber das, worauf es den meisten Selbstständigen ankommt, nicht versichert und auch nicht versicherbar. Gemeint ist der sogenannte Vertragsrechtsschutz im beruflichen/betrieblichen Bereich. Streitigkeiten mit Kunden und/oder Lieferanten sind vom Versicherungsschutz ausgeschlossen.

Krankenversicherung

Selbstständige sind seltener krank. Das ist statistisch belegt. Trotzdem müssen Sie natürlich für den Ernstfall abgesichert sein. Sie haben die Wahl zwischen einem privaten und einem freiwilligen gesetzlichen Krankenversicherungsschutz. Freiwillig gesetzlich krankenversichern können Sie sich allerdings nur dann, wenn Sie vor dem Beginn der Selbstständigkeit bereits gesetzlich krankenversichert waren.

Für Existenzgründerinnen gibt es bei vielen Versicherungsgesellschaften sogenannte Options- oder Basistarife mit niedrigeren Beiträgen in der privaten Krankenversicherung. Die Leistungen entsprechen in etwa denen der gesetzlichen Krankenkasse. Meist haben Sie in einem bestimmten Zeitraum die Möglichkeit, ohne erneute Gesundheitsprüfung in einen leistungsstärkeren Tarif zu wechseln.

Eine weitere Möglichkeit, die Kosten erst einmal niedrig zu halten, ist die Selbstbeteiligung. Wer die Kosten für medizinische Leistungen bis zu einer Summe von 300 oder 600 Euro jährlich selbst bezahlt, reduziert seinen Monatsbeitrag deutlich.

Wenn Sie eine private Krankenversicherung abschließen, so ist dies eine Entscheidung fürs Leben. Eine Rückkehr in die gesetzliche Krankenversicherung ist nur möglich, wenn Sie wieder ein Angestelltenverhältnis aufnehmen und noch nicht 55 Jahre alt sind.

Wenn Sie sich darüber nicht sicher sind, sollten Sie ein, zwei Jahre abwarten und schauen, wie sich Ihre Geschäftstätigkeit entwickelt, bevor Sie sich endgültig entscheiden.

Krankentagegeldversicherung

Die Krankentagegeldversicherung fängt Verdienstausfälle auf und ist deshalb für Existenzgründerinnen unerlässlich. Wenn Sie als Selbstständige erkranken, entfällt für Sie in der Regel auch jegliches Einkommen. Schwierig wird es vor allem dann, wenn Sie für längere Zeit außer Gefecht gesetzt sind. Deshalb ist diese Versicherung so wichtig. Das Tagegeld erhalten Sie bei Arbeitsunfähigkeit in vereinbarter Höhe, ganz gleich, ob Sie zu Hause oder im Krankenhaus behandelt werden.

Wenn Sie Angst haben, dass Ihnen die Beiträge über den Kopf wachsen, sollten Sie eine sogenannte Karenzzeit vereinbaren. Das heißt, die Krankentagegeldversicherung zahlt beispielsweise erst ab der vierten Woche.

Ein Krankenhaustagegeld ist dann nicht mehr notwendig.

Berufsunfähigkeitsversicherung

Mit einer Berufsunfähigkeitsversicherung sichern Sie Ihre Arbeitskraft ab. Deshalb ist diese Risikoversicherung für Selbstständige lebensnotwendig.

Sinnvoll ist es, die Berufsunfähigkeitsversicherung separat abzuschließen, also nicht mit einer Rentenversicherung zu kombinieren. Denn bei einer Kombination beider Versicherungen schränken Sie sich in Ihren Möglichkeiten ein, zum Beispiel wenn Sie bei einem längeren finanziellen Engpass die Beitragszahlungen aussetzen. Sie gefährden dann Ihren Versicherungsschutz durch die Berufsunfähigkeitsversicherung, weil diese später eventuell wieder neu in Kraft gesetzt werden muss, und zwar erst nach einer erneuten Gesundheitsprüfung. Haben Sie in der Zwischenzeit beispielsweise eine Psychotherapie begonnen, sind Sie für mehrere Jahre nicht mehr versicherbar. Wir empfehlen deshalb in der Regel, zwei getrennte Verträge zu vereinbaren. So lässt sich bei Zahlungsschwierigkeiten wenigstens die Berufsunfähigkeitsversicherung weiterführen.

Außerdem können Sie sowohl für die Altersvorsorge als auch für die Berufsunfähigkeit die für Sie optimalen Verträge abschließen. Der Gesamtbeitrag erhöht sich dadurch nicht oder nur unwesentlich.

Freiwillige Arbeitslosenversicherung

Ich habe ein kleines Schreibwarengeschäft, das leider nicht besonders gut läuft. Deshalb frage ich mich, was passiert, wenn ich es eines Tages aufgeben muss. Stimmt es, dass ich mich als Selbstständige gegen Arbeitslosigkeit versichern kann?

Ja, es gibt eine freiwillige Arbeitslosenversicherung für Selbstständige. Allerdings werden Sie dort nur aufgenommen, wenn Sie vorher angestellt waren und in den zwei Jahren vor Beginn der Selbstständigkeit mindestens zwölf Monate lang Beiträge gezahlt haben. Als Selbstständige gelten Sie dann als arbeitslos, wenn Sie kaum Aufträge haben bzw. wenig einnehmen und weniger als 15 Wochenstunden arbeiten. Ist das der Fall, erhalten Sie Arbeitslosengeld I. Wer jünger ist als 50, bekommt dieses Arbeitslosengeld maximal 12 Monate lang. Bei Älteren können es auch bis zu 24 Monate sein.

Geld clever anlegen

Ein Polster für Steuerzahlungen, für Geschäftsflauten, für Notfälle ist unumgänglich. Gut verzinste Tagesgeldkonten sind am besten dafür geeignet.

Zum mittel- und längerfristigen Vermögensaufbau sind Fondssparpläne das Mittel Ihrer Wahl, da Fonds sehr flexibel sind. Die Einzahlungen können jederzeit erhöht, reduziert oder auch ausgesetzt werden, ganz wie Sie das möchten. Bei keiner anderen Geldanlage können Sie Ihre Sparbeträge so problemlos Ihrer Einkommenssituation anpassen.

Und die Altersvorsorge nicht vergessen

In der Regel sind am Anfang der Selbstständigkeit die Einnahmen noch nicht hoch, sodass wenig Geld für langfristige Sparverträge zur Verfügung steht. Sobald es möglich ist, sollten Sie aber schon an Ihre Absicherung im Alter denken. Sie zahlen ja nicht in die gesetzliche Rentenversicherung ein, müssen also selbst vorsorgen.

Selbstständige haben in der Regel ein schwankendes Einkommen. Wählen Sie deshalb für Ihre Basisabsicherung einen Beitrag, den Sie nach menschlichem Ermessen in der Regel dauerhaft bezahlen können.

Private Rentenversicherung

Sie ist nach wie vor der Klassiker unter den Altersvorsorgemodellen. Sehr sinnvoll ist es, einen niedrigen monatlichen Beitrag zu wählen, den Sie auch in schlechteren Umsatzzeiten zahlen können. Durch jährliche Zuzahlungen können Sie dann Ihre Einzahlungen und damit auch Ihre spätere Rente erhöhen.

Rürup-Rente

Wenn Ihr Geschäft gut läuft und Sie schon ordentlich Steuern zahlen müssen, dann ist die Rürup-Rente zu empfehlen. Sie wissen ja schon, dass diese steuerlich sehr interessant ist, weil zunächst einmal 74 % der jährlich eingezahlten Beiträge (maximal 20 000 Euro) als Sonderausgaben geltend gemacht werden können. Der absetzbare Betrag steigt Jahr für Jahr um 2 % an. Ab 2025 akzeptiert das Finanzamt dann 100 % der eingezahlten Beiträge als Sonderausgaben.

Die Rürup-Rente ist außerdem flexibel, das bedeutet: Über die regelmäßigen Beiträge hinaus können auch zusätzliche Einmalzahlungen geleistet werden.

Die Künstlersozialkasse

Für Suse L., die Modedesignerin, Sie erinnern sich, ist ein anderer Weg ideal. Denn sie kann wie alle, die in künstlerischen Berufen arbeiten, einen Aufnahmeantrag bei der Künstlersozialkasse (KSK) stellen.

Die Künstlersozialkasse (KSK) ist die gesetzliche Sozialversicherung für selbstständige Künstler und Publizisten. Sie umfasst die gesetzliche Rentenversicherung, Krankenversicherung und Pflegeversicherung. Voraussetzung für die Aufnahme ist allerdings, dass Sie als Selbstständige im Jahr mindestens 3900 Euro verdienen (Stand 2011).

Der große Vorteil der KSK: Sie haben eine Basisabsicherung in der gesetzlichen Sozialversicherung, für die Sie aber – genau wie Festangestellte – nur die Hälfte des Beitrags zahlen müssen. Die andere Hälfte wird von der KSK übernommen. Ihr bestehendes Rentenkonto bei der Deutschen Rentenversicherung wird weitergeführt.

Ein weiterer Vorteil: Da Suse L. über die KSK in die gesetzliche Rentenversicherung einzahlt, kann sie einen Riester-Vertrag abschließen und staatliche Zulagen kassieren.

☞ **Unsere Meinung:**
Für viele Frauen ist die Selbstständigkeit eine gute Möglichkeit, Arbeitslosigkeit zu überwinden. Und vielen fällt es in der Selbstständigkeit oder einer freiberuflichen Tätigkeit leichter, Kinderwunsch und Arbeit zu vereinbaren. Egal, was Sie tun, Sie brauchen eine wirklich gute Idee, großes Engagement und Durchhaltevermögen. Und natürlich müssen Sie gut planen! Denn Selbstständigkeit heißt Ausstieg aus dem sozialen Netz! Sie müssen selbst für sich sorgen, in jeder Hinsicht.
Übrigens:
Jedes vierte Unternehmen wird mittlerweile von einer Frau gegründet. Ca. eine Million Unternehmen in Deutschland sind in weiblicher Hand, und die Tendenz ist steigend.

Einmal im Leben Millionärin sein!

Sie möchten irgendwann eine Million auf dem Konto haben und fragen sich, wie das geht? Ja, da gibt's verschiedene Möglichkeiten:

Zum Beispiel durch Bankraub

Dazu brauchen Sie starke Nerven, eine Schreckschusspistole und eine dunkle Skifahrermütze mit Schlitzen für die Augen. Ausgang: Sie enden sehr wahrscheinlich hinter Gittern. Also besser: Hände weg!

Oder durch Heirat

Dazu brauchen Sie mindestens 1 000 Frösche, die Sie küssen müssen (mit mindestens einem verwunschenen Prinzen darunter), und sehr, sehr viel Überwindungskraft.
Und wenn es klappt, dann sollten Sie aufpassen, weil Ihnen der Traumprinz vermutlich einen knallharten Ehevertrag präsentiert. Also besser: aus Liebe heiraten!

Durch Lottospielen

Dazu brauchen Sie einen Lottoschein und ganz, ganz viel Glück. Denn die Wahrscheinlichkeit, dass es klappt, liegt bei 0,00000072 % oder etwa 1 : 139 Millionen.
Also besser: den Einsatz sparen bzw. richtig gut anlegen!

Durch eine gezielte Geldanlage

Dazu brauchen Sie einen festen monatlichen Geldbetrag, einen exzellenten, riskanteren Aktienfonds und viel, viel Zeit.
Dann kann die Rechnung aufgehen.

Wie viel müsste ich da investieren?
Nehmen wir an, Sie sind 20 und Sie nehmen die 12,50 Euro, die Sie wöchentlich fürs Lottospielen einsetzen, das sind im

Monat 50 Euro. Sie investieren diese 50 Euro monatlich bis zu Ihrem Rentenalter, also bis 67, d.h. 47 Jahre lang. Sie suchen sich einen besonders renditeträchtigen Aktienfonds eines erstklassigen Anbieters aus. Der sollte im Durchschnitt über viele Jahre hinweg ca. 12% pro Jahr erbringen.

Das gibt's nicht, meinen Sie? Oh doch, das gibt es. Aber natürlich hat so eine tolle Rendite ihren Preis. Denn Sie wissen ja, hohe Rendite ist immer nur mit einem hohen Risiko erreichbar. Risiko heißt bei so einem Aktienfonds, dass es auf dem langen Weg zum Ziel heftige Kursausschläge, leider auch nach unten, geben wird, also vorübergehend auch massive Verluste. Aber die können Sie bei einer sooo langen Anlagezeit doch wirklich gut aussitzen. Denn erwiesen ist: In langen Zeiträumen und bei exzellenten Anlagen glätten sich die heftigen Kursbewegungen.

Also noch mal: Bei 47 Jahren Anlagezeit und einer jährlichen durchschnittlichen Rendite von 12% haben Sie mit 67

1 090 059 Euro

auf Ihrem Konto, also über eine Million! Mit 50 Euro monatlich!

Das kann nicht sein, meinen Sie, denn Sie haben doch nur 28 200 Euro selbst eingezahlt!

Doch, doch, das stimmt, denn Sie rechnen nicht mit dem Zinseszins, der größten mathematischen Entdeckung aller Zeiten, wie Albert Einstein (1879–1955) meinte.

Und der funktioniert in Ihrem Beispiel so:

Aus den im ersten Jahr eingezahlten 600 Euro werden bei 12% Rendite nach einem Jahr 672 Euro, die wiederum 12% Rendite bringen, sodass im zweiten Jahr schon 752 Euro gewinnbringend angelegt sind, im dritten Jahr sind es 842 Euro und so weiter. Anfangs vermehrt sich das Geld nur langsam. Je länger aber die Laufzeit und je höher die Rendite, desto gravierender wirkt sich der Zinseszinseffekt aus.

Ein bisschen was müssen Sie aber auch noch selbst dazutun, wenn der Plan gelingen soll:
Voraussetzung ist nämlich, dass Sie bei dramatischen Kursrückgängen in Krisenzeiten nicht in Panik geraten und alles auflösen, sondern durchhalten, und dass Sie bei einem finanziellen Engpass nicht Teile davon entnehmen. Das Geld muss also über die gesamte Laufzeit im Fonds verbleiben. Das heißt, Sie dürfen nur das Geld investieren, auf das Sie wirklich über lange Zeit verzichten können.

So ein Sparplan eignet sich im Übrigen auch für Eltern, die für ihre Kinder, ob klein oder groß, Geld anlegen möchten, wenn die oben genannten Voraussetzungen gegeben sind. Oder auch für Großeltern, die für ihre Enkelkinder etwas sparen möchten. Solche Sparpläne gibt es bei manchen Fonds sogar schon ab 25 Euro monatlich.

»Träumen ist gut, planen ist besser«, unser Motto bei der Geldanlage, zahlt sich also wirklich aus.

Kapitel 12

Wann brauch' ich was?
Die richtige Strategie in
verschiedenen Lebensphasen

In der Ausbildung

Katharina F. macht gerade eine Ausbildung zur Bürokauffrau. Sie verdient wenig und wohnt deshalb noch bei ihrer Mutter, die immer gearbeitet und ihr eigenes Geld verdient hat. Und sie hat immer gespart. Deshalb wohnt sie seit einiger Zeit auch in einer Eigentumswohnung, die bis zum Rentenbeginn abgezahlt ist. Genauso möchte es auch Katharina F. machen, ist aber noch unsicher, was wirklich gut für sie ist. Ihre Mittel sind ja begrenzt.

Gut abgesichert

Bisher war Katharina über ihre Mutter krankenversichert. Mit dem Beginn ihrer Ausbildung ist sie eigenständig pflichtversichert in der gesetzlichen Kranken- und Pflegeversicherung. Und ab sofort zahlt sie auch in die gesetzliche Rentenversicherung ein.

Haftpflichtversichert ist sie noch über ihre Mutter, solange sie sich in der ersten Ausbildung befindet.

Eine Berufsunfähigkeitsversicherung sollte so früh wie möglich abgeschlossen werden. Bei einigen Versicherungsgesellschaften gibt es sehr günstige Einsteigertarife, die es auch jungen Leuten möglich machen, diese überaus wichtige Risikoversicherung abzuschließen.

Wichtig:

Achten Sie darauf, dass die Versicherung eine sogenannte Nachversicherungsgarantie enthält. Sie kann dann später, zum Beispiel bei Heirat, Geburt eines Kindes, Karrieresprung, Immobilienerwerb etc. ohne erneute Gesundheitsprüfung aufgestockt werden.

Die BU sollte immer bis zum Renteneintrittsalter, also bis 67, abgeschlossen werden. Erfahrungsgemäß treten ja gerade im vorgerückten Alter gesundheitliche Beeinträchtigungen auf.

Geld clever anlegen

Hat sich auf Ihrem Sparbuch schon einiges angesammelt? Das Geld aus Ferienjobs, Geldgeschenke von den Großeltern? Trennen Sie sich vom Sparbuch. Tagesgeldkonten bringen fast doppelt so viel Zinsen, und das Geld ist jederzeit verfügbar.

Wer in der Ausbildung ist, hat vielleicht schon Anspruch auf vermögenswirksame Leistungen. Fragen Sie Ihren Arbeitgeber! Mit vermögenswirksamen Leistungen lässt sich in sieben Jahren (das ist die Mindestlaufzeit) schon eine stattliche Summe ansparen. Genau richtig für einen fahrbaren Untersatz, Möbel für die erste Wohnungseinrichtung etc.

Die Wohnungsbauprämie vom Staat gibt's schon ab 16 Jahren. Es kann sich also auch ein Bausparvertrag lohnen.

Wenn es irgendwie geht, sollte Katharina F. riestern. Weil sie beim Abschluss unter 25 ist, bekommt sie einmalig 200 Euro geschenkt. Und sie erhält die staatliche Zulage von jährlich 154 Euro.

Im Studium

Ich habe vor meinem Studium zweieinhalb Jahre als Aushilfs-kellnerin gearbeitet und in die gesetzliche Rentenversicherung eingezahlt. Soll ich jetzt als Studentin freiwillige Beiträge leis-ten? Und gibt es andere Versicherungen, die ich jetzt abschließen sollte?, fragt Sophie D. (23), die im 2. Semester Informatik studiert.

Freiwillige Beiträge zur gesetzlichen Rentenversicherung hal-ten wir jetzt nicht für sinnvoll. Wenn Sophie D. nach dem Studium als Angestellte arbeitet, zahlt sie ja automatisch ein. Und falls sie sich selbstständig macht, muss sie sich ohnehin wieder um ihre Altersvorsorge kümmern.
Wenn sie das Geld unbedingt anlegen will, sollte sie es in eine private Rentenversicherung einzahlen.

Gut abgesichert

Krankenversicherung
Wenn Ihre Eltern gesetzlich krankenversichert sind, dann sind Sie bis zu Ihrem 25. Geburtstag kostenlos mitversichert. Aber nur, wenn Sie nicht mehr als 365 Euro im Monat ver-

dienen oder nicht mehr als bei einem Minijob mit 400 Euro im Monat.

Falls Sie mehr verdienen oder älter als 25 sind, zahlen Sie für die gesetzliche Kranken- und Pflegeversicherung derzeit ca. 78 Euro im Monat (Stand 2011).

Sind Ihre Eltern privat krankenversichert, so können Sie ebenfalls privat versichert bleiben. Dann müssen Sie sich zu Beginn des Studiums von der Versicherungspflicht in der gesetzlichen Krankenkasse befreien lassen. Eine private Krankenversicherung ist aber im Studium meist teurer.

Ein Problem kann auch sein: Wenn Sie nach dem Studium keine feste Stelle finden, können Sie nicht in die gesetzliche Versicherung wechseln.

Haftpflicht- und Hausratversicherung

Haftpflichtversichert sind Sie weiterhin über die Privathaftpflichtversicherung Ihrer Eltern und auch über deren Hausratpolice mitversichert.

Berufsunfähigkeitsversicherung

Auch Studierende sollten sie so früh wie möglich abschließen, denn sie kostet für junge Menschen wenig. Und gesundheitliche Einschränkungen, die in vielen Fällen einen Vertragsabschluss verhindern, sind in dieser Lebensphase deutlich seltener.

Wenn Ihnen die Beiträge zu hoch sind, fragen Sie Ihre Eltern, ob diese nicht die BU bis zum Ende des Studiums für Sie bezahlen könnten. Es gibt speziell für junge Leute Starter-BU-Policen, über die eine BU-Rente von monatlich 1000 Euro schon mit einem Monatsbeitrag von 16 Euro abgesichert werden kann.

Planen Sie einen längeren Auslandsaufenthalt?

Dann ist Folgendes sehr wichtig:

Als erste Anlaufstelle sollten Sie über Ihre Universität Informationen einholen. Jede Universität bietet dazu umfangreiches Material an. Beachten Sie bitte, dass es für jede Hochschule und sogar für die einzelnen Fachbereiche unterschiedliche Förderregeln gibt.

Für Aufenthalte im europäischen Ausland sind meist die Erasmus-Programme zuständig. Man kann auch ein Stipendium beantragen, um finanziell gefördert zu werden. Dies wird für Aufenthalte in Europa über den DAAD beantragt. Stipendien für ein USA-Studium werden als Pauschal- oder Sportstipendien direkt von den amerikanischen Hochschulen vergeben.

Fulbright-Stipendien gibt es von der Fulbright-Kommission. Hierüber können deutsche Bewerber/innen Voll- und Teilstipendien für ein zweisemestriges, vertiefendes Studium an einer Hochschule in den USA, vorrangig im Bereich der »Graduate Studies«, bekommen.

Sie müssen im Ausland weder ein Bankkonto eröffnen noch einen Handyvertrag o.Ä. abschließen. Es gibt Möglichkeiten, ein Girokonto mit Kreditkarte in Deutschland einzurichten, über das Sie im Ausland kostenlos Bargeld abheben können. Auch Auslandsüberweisungen können Sie kostenlos vornehmen. Fragen Sie bei den Banken nach. Für Ihr Handy kaufen Sie im Ausland einfach Prepaid-Karten.

Auslandskrankenversicherung

Ganz wichtig ist es, für die Zeit im Ausland eine langfristige Auslandskrankenversicherung abzuschließen (eine einfache Reisekrankenversicherung ersetzt diese nicht). Hierüber ha-

ben Sie alle Notfälle (sowohl Arztbesuche als auch Kranken-
hausaufenthalte) abgesichert, inkl. medizinisch notwendi-
ger Rücktransporte. Sie können Krankenversicherungen bis
zu einem Jahr völlig unkompliziert abschließen. Einige Versicherer bieten diesen Schutz sogar bis zu fünf Jahre Auslandsaufenthalt an.

Privathaftpflicht

Erkundigen Sie sich, ob Sie während des Auslandsaufent-
halts weiterhin versichert sind. Dieser Punkt wird unterschiedlich geregelt. Manche Versicherungen bieten Schutz
lediglich bis zu einem Jahr Auslandsaufenthalt, manche
europaweit sogar unbegrenzt. Also sollten Sie unbedingt vorher nachfragen.

Geld clever anlegen

Eigenes Geld für den Lebensunterhalt verdienen Studenten
ja oft nur mit Jobs. Es dürfte also kaum so viel übrig bleiben,
dass noch etwas gespart werden könnte.

Sollten Sie durch Geldgeschenke von Verwandten ein paar
Tausend Euro auf einem Sparbuch haben, dann nichts wie
weg damit! Sie wissen ja, ein Tagesgeldkonto bringt fast doppelt so viel Zinsen, ist genauso sicher, und das Geld ist jederzeit verfügbar.

Wenn Sie zur Finanzierung Ihres Studiums einen Minijob
ausüben oder ein Praktikum machen, können Sie einen
Riester-Vertrag abschließen und die staatliche Förderung
nutzen. Dazu müssen Sie die Versicherungsfreiheit in der gesetzlichen Rentenversicherung ausschließen.

Im ersten Job

Spätestens mit Ihrer ersten Lohnabrechnung lernen Sie das staatliche Sozialversicherungssystem kennen. Denn alle Arbeitnehmer sind verpflichtet, in die gesetzlichen Sozialversicherungen einzuzahlen.

Knapp 20 % Ihres Gehalts fließen automatisch in die gesetzliche Renten-, Kranken-, Pflege- und Arbeitslosenversicherung. Das ist Ihr Beitrag, die andere Hälfte des Beitrags trägt der Arbeitgeber. Für die gesetzliche Unfallversicherung, die für Unfälle während der Arbeit oder auf den Arbeitswegen aufkommt, ist ausschließlich der Arbeitgeber zuständig.

Sobald Sie das erste Mal ein Beschäftigungsverhältnis beginnen, erhalten Sie automatisch einen Sozialversicherungsausweis zugeschickt, der Ihren Namen und eine Versicherungsnummer enthält. Die Nummer ist zehnstellig und beinhaltet Ihr Geburtsdatum und den Anfangsbuchstaben Ihres Geburtsnamens. Das ist der Nachweis dafür, dass Sie bei der Sozialversicherung angemeldet sind. Den Sozialversicherungsausweis müssen Sie bei jedem neuen Arbeitgeber vorlegen. Sollte er verloren gehen, muss der Ausweis bei der Krankenkasse neu beantragt werden.

Also, den Ausweis gut aufheben.

BAföG

Haben Sie während Ihres Studiums BAföG erhalten? Dann sollen Sie die BAföG-Rückzahlung einplanen. Fünf Jahre nach dem Ende der Regelstudienzeit müssen Sie mit der Rückzahlung beginnen. Aber nur, wenn Sie mehr als 1070 Euro im Monat verdienen. Wenn nicht, wird die Rückzahlung in die Zukunft verschoben. Maximal 10 000 Euro werden es sein, die Sie in Monatsraten oder auf einmal zurückzahlen müssen.

Gut abgesichert

Haftpflichtversichern müssen Sie sich nun selbst. Sie haben immer noch keine Berufsunfähigkeitsversicherung? Dann wird es aber höchste Zeit. Sie wissen ja, dass so eine Risikoversicherung immer teurer wird, je älter man ist. Außerdem: Wenn Sie krank werden oder einen Unfall erleiden, kann dies den Versicherungsabschluss erschweren oder gar verhindern.

Geld clever anlegen

Ganz wichtig: Zwei oder drei Nettogehälter sollten auf einem Tagesgeldkonto geparkt werden. Dann müssen Sie nicht den sündhaft teuren Dispokredit in Anspruch nehmen, wenn mal etwas Unvorhergesehenes passiert.

Der Staat fördert das Sparen gerade bei jungen Leuten, die noch nicht so viel verdienen. Zum Beispiel mit vermögenswirksamen Leistungen in einem Aktienfonds mit Arbeitnehmersparzulage oder durch Bausparen mit Arbeitnehmersparzulage und Wohnungsbauprämie.

Alle geförderten Sparverträge laufen sieben Jahre. Danach können Sie das Geld für Anschaffungen etc. verwenden oder es weiterhin anlegen und somit vermehren.

Darüber hinaus sind natürlich Fonds sehr interessant. Hier gibt es ja keine zeitliche Festlegung. Trotzdem unser Rat: Fünf Jahre sollten Sie so einen Fonds schon behalten, sonst hat er ja keine Chance, ordentlich Gewinn zu machen.

Sehr geeignet für mittelfristiges bis längerfristiges Sparen sind zum Beispiel vermögensverwaltende Mischfonds. Die gibt es mit unterschiedlich hohem Aktienanteil, also mit unterschiedlichem Risiko.

Muss ich denn schon fürs Alter vorsorgen?

Ja, unbedingt!

Es ist zwar immer wieder in Zeitungsartikeln zu lesen, dass junge Leute doch flexibel bleiben und sich noch nicht so früh so lange binden sollten. Altersvorsorge sei doch auch später noch möglich.

Wir sind hier aber ganz anderer Meinung, denn wir können rechnen – und Sie auch, Sie werden es gleich sehen!

Schauen Sie sich doch die nachfolgende Übersicht einmal an:

Eine monatliche Einzahlung von 100 € in eine private Rentenversicherung bringt bis 67 folgende Monatsrente (inkl. Überschuss)

Beginn mit 20	785 €
Beginn mit 30	474 €
Beginn mit 40	269 €
Beginn mit 50	133 €.

Wenn Sie mit 67 eine zusätzliche monatliche Rente von 500 € haben möchten, dann müssen Sie ab sofort folgenden Monatsbeitrag aufwenden:

mit 20	64 €
mit 30	106 €
mit 40	185 €
mit 50	371 €

(Quelle: DEBEKA, Stand 2011)

Ab 1.1.2012 wird der bis Ende 2011 gültige Garantiezins von 2,25 % auf 1,75 % gesenkt. Die ab 2012 gültigen Zahlen waren bei Drucklegung noch nicht verfügbar.

Natürlich können Sie auch später anfangen, fürs Alter vorzusorgen. Sie müssen dann aber, Sie sehen es in der Übersicht,
wesentlich mehr Geld dafür aufwenden.
Nur wenn Sie früh anfangen, können Zeit und Zinseszins
optimal für Sie arbeiten.

☞ **Unsere Meinung:**
> In jungen Jahren, mit dem ersten nicht benö-
> tigten Geld, legen Sie den Grundstein für Ih-
> ren späteren Wohlstand. Nicht durch riskante
> Spekulation, sondern durch eine Anlage mit
> System.
> Denken Sie daran:
> Was Sie jetzt versäumen, können Sie später nur
> schwer wieder aufholen.

Als Alleinerziehende

80% aller Alleinerziehenden sind Frauen! In den Medien
werden Alleinerziehende in der Regel als bedauernswerte
Spezies beschrieben, die leider arbeiten MUSS und deshalb
nicht anders als UNGLÜCKLICH sein kann. Die Kinder
werden in eine Krippe GESTECKT, und was einmal aus
ihnen wird, ja, das weiß heute wirklich noch niemand!
So oder ähnlich denken viele, vor allem in Deutschland. Wir
finden diese Haltung arrogant; und sie entspricht nicht der
Lebenswirklichkeit vieler alleinerziehender Frauen.
Nach einer Studie des Deutschen Jugendinstituts ist das Leben Alleinerziehender nicht unglücklicher als das in anderen

Familien. Für viele Mütter hat die Trennung sogar eine Entlastung in Form von freier Zeit gebracht, weil die Väter sich nun an Wochenenden häufig um die Kinder kümmern.

Tatsache ist, dass 60 % aller Alleinerziehenden den Lebensunterhalt für sich und ihre Kinder verdienen. Sie arbeiten gern und meistern die Herausforderungen, die nun mal Familie und Berufstätigkeit mit sich bringen, bewunderungswürdig.

Aber finanziell geht es alleinerziehenden Frauen in Deutschland deutlich schlechter als in Frankreich oder in Skandinavien. Und daran hat die Politik ihren Anteil.

Ein Gutverdiener mit nicht arbeitender Ehefrau kann über das Ehegattensplitting jährlich Tausende von Euro Steuern sparen, auch wenn kein Kind (mehr) zu versorgen ist. Für berufstätige Alleinerziehende gibt es keine Steuervorteile. Der Staat subventioniert eben die Lebensform »Ehe« und nicht die »Familie«. Wir meinen aber: Familie ist da, wo Kinder sind, ob mit oder ohne Vater. Und Familie ist, was man daraus macht.

Das immer noch viel zu geringe Angebot an qualifizierten Kinderbetreuungsmöglichkeiten trifft Alleinerziehende besonders hart. Wie zum Beispiel Jessica P. (26). Sie findet für ihre zweijährige Tochter keinen Ganztageskindergarten, deshalb kann sie nur Teilzeit arbeiten und kommt im Monat gerade mal auf einen Verdienst von 1500 Euro brutto.

Sie muss also genau rechnen, möchte aber unbedingt schon etwas Geld zurücklegen und mit der Altersvorsorge anfangen. Deshalb heißt es jetzt für Jessica P.: Prioritäten setzen.

Gut abgesichert

Gerade wenn das Geld knapp ist, sollten die wichtigsten Versicherungen abgeschlossen sein. Eine Haftpflichtversicherung hat Jessica P. bereits. Damit ist sie auch abgesichert, falls ihr Kind mal etwas anstellt. Und sie kann sich freuen, dass ihre Eltern so weitsichtig waren: Die haben für sie schon während ihrer Ausbildung eine Berufsunfähigkeitsversicherung abgeschlossen und zahlen dafür auch jetzt noch die Beiträge. Womit Jessica P. auch bei langer, schwerer Krankheit oder nach einem Unfall finanziell abgesichert ist.

Geld clever anlegen

Ein kleines finanzielles Polster auf einem Tagesgeldkonto gibt es auch. Die Geldgeschenke zur Geburt ihrer Tochter hat sie dafür verwendet. Für Unvorhergesehenes ist also eine Reserve da.

Was sich wirklich lohnt

Wer rechnen muss, sollte nichts verschenken und auf jeden Fall staatliche Sparförderung und/oder auch einen Zuschuss des Arbeitgebers nutzen.

Vermögenswirksame Leistungen

So ein Sparvertrag läuft sieben Jahre: sechs, in denen man einzahlt, ein Jahr lang ruht der Vertrag. Von ihrem Arbeitgeber bekommt Jessica P. monatlich 40 Euro als vermögenswirksame Leistung. Da sie weniger als 20 000 Euro pro Jahr verdient, erhält sie vom Staat auch noch die Arbeitnehmer-

Sparzulage: 20 % für eine Einzahlung von maximal 400 Euro im Jahr, also geschenkte 80 Euro.

Voraussetzung dafür ist, dass die vermögenswirksamen Leistungen in einen Aktienfonds fließen (dafür gibt es bei den meisten großen Fondsgesellschaften spezielle Anlagemöglichkeiten). Nach sieben Jahren hat Jessica P., eine Durchschnittsrendite von 6 % vorausgesetzt, die schöne Summe von 4 700 Euro erreicht. Und sollten die Aktienkurse zum Ende der Laufzeit gerade schlecht stehen, kann sie den Sparvertrag ohne Weiteres verlängern.

Mit den vermögenswirksamen Leistungen hat Jessica P. einen idealen Sparvertrag für ihre mittelfristige Planung.

Riester-Rente

Für ihr längerfristiges Ziel, die Altersvorsorge, hat sie außerdem einen Riester-Vertrag abgeschlossen – einen mit der klassischen Rentenversicherungsvariante. Jessica P. zahlt 4 % ihres Bruttogehalts ein und bekommt für sich und ihre Tochter staatliche Zulagen. Bei ihr sind das jährlich 154 Euro, bei ihrer Tochter sogar 300 Euro im Jahr, weil sie nach dem 1. Januar 2008 geboren ist.

Und so rechnet sich das für sie:	
Bruttogehalt / Jahr	18 000 Euro
davon 4 % = Riester-Beitrag jährlich	720 Euro
minus Zulagen	454 Euro
Einzahlung jährlich	266 Euro

Unterm Strich bedeutet das: Mit gerade mal 22,16 Euro monatlich sichert sich Jessica P. eine lebenslange Rente ab 67 von ca. 240 Euro. Wenn das kein lukrativer Sparvertrag ist! Sobald ihre Tochter einen Ganztagskindergartenplatz hat, will Jessica P. auf jeden Fall wieder mehr arbeiten. Mit dem besseren Verdienst steigt dann auch ihre Einzahlung in den Riester-Vertrag (denn die beträgt immer 4% vom Brutto minus Zulagen). Die angenehme Konsequenz: Auch die spätere Riester-Rente wird noch höher ausfallen.

Bleibt es beim Renteneintrittsalter von 67, hat Jessica P. bis zum Ruhestand noch 41 Jahre. Zeit genug, ihre Altersvorsorge um andere Bausteine zu erweitern, sobald sich ihre finanzielle Lage bessert. Eine Option: lukrative Fonds.

☞ **Unsere Meinung:**
Selbst diejenigen, die in einer bestimmten Lebenssituation nicht ganz so viel verdienen, können trotzdem sinnvoll planen und fürs Alter vorsorgen, wenn sie alle staatlichen Angebote nutzen.

Als gut verdienender Single – zwei Beispiele

Wenn Frauen mit der Wahl ihrer Ausbildung bzw. ihres Studienfachs die richtigen Weichen stellen, dann können sie sehr gut verdienen.

Wie zum Beispiel Rita S. (30). Sie ist selbstständige Software-entwicklerin. Schon während des Studiums hat sie in einschlägigen Firmen gearbeitet und sich dann auf eine bestimmte Branche spezialisiert. Ihr Unternehmen läuft hervorragend. Auf 90 000 Euro stieg ihr Einkommen im vergangenen Jahr.

Rita S.: Gut abgesichert

Eine Haftpflicht- und Berufsunfähigkeitsversicherung hat
Rita S. schon. Da sie einige schöne Antiquitäten geerbt hat
und die Wohnungsausstattung hochwertig ist, sollte sie eine
Hausratversicherung abschließen. Ihr Hausrat ist dann gegen Diebstahl, Leitungswasserschäden, Feuer, Sturm/Hagel
versichert.

Rita S.: Geld clever anlegen

Die andere Seite des Erfolgs: Nicht nur das Einkommen
steigt, sondern auch die Steuerlast. Für Rita S. ist deshalb die
Rürup-Rente ideal. Sie kann, solange sie so gut verdient, die
hohen Steuervorteile der Rürup-Rente nutzen und baut sich
gleichzeitig eine lebenslange Rente auf.

Und so kann Rita S. von dieser besonderen Form der Altersvorsorge profitieren: Wenn sie 37 Jahre lang jeweils 10 000
Euro jährlich (als Beispiel) einzahlt, erreicht sie eine lebenslange Gesamtrente (garantierte Rente plus Überschuss) von
immerhin 3 500 Euro monatlich.

Was die Sache besonders attraktiv macht, ist die hohe Steu-
erentlastung während der Ansparzeit – genau das also, was
Rita S. jetzt will. Konkret bedeutet das: 2012 kann sie 74 %
der jährlich eingezahlten Beiträge, also 7 400 Euro, als Sonderausgaben steuerlich geltend machen. In jedem weiteren
Jahr steigt der Betrag, der abgesetzt werden kann, um zwei
Prozentpunkte. Ab 2025 wird das Finanzamt also 100 % der
eingezahlten Beiträge als Sonderausgaben akzeptieren.

Wichtig ist für Rita S., dass sie nicht verpflichtet ist, Jahr für
Jahr 10 000 Euro einzuzahlen. Sollte sie weniger verdienen,
kann sie den jährlichen Beitrag jederzeit reduzieren. Sie kann

ihn aber auch erhöhen bis maximal 20 000 Euro jährlich (bei Verheirateten sind es 40 000 Euro).

Irgendwann will Rita S. eine Eigentumswohnung kaufen, um im Alter mietfrei wohnen zu können. Dafür sammelt sie in einem gemischten Fonds mit geringem Risiko Kapital an. Und sie hat einen Bausparvertrag mit einer Bausparsumme von 100 000 Euro. 40 000 Euro muss sie dort selbst einzahlen, den Rest, also 60 000 Euro, erhält sie als zinsgünstiges Darlehen.

Rita S. sorgt gut vor. Und ein Erbe ist auch noch zu erwarten. Das sollte reichen, meint sie. Wir finden das auch!

Claudia Z.: Gut abgesichert

Auch Claudia Z. (27) geht gut mit ihrem Geld um. Sie ist Bauingenieurin, angestellt in einem großen Unternehmen. 70 000 Euro verdient sie im Jahr. Das hohe Gehalt will verdient sein: Viel freie Zeit gibt es für sie nicht. Arbeitstage mit 12 Stunden und mehr sind keine Seltenheit.

Claudia Z. liebt ihren Beruf. Nur, bis zum Rentenalter will sie so intensiv nicht arbeiten. Sie plant deshalb, sich mit Anfang bis Mitte 40 selbstständig zu machen als Bausachverständige bzw. Gutachterin.

Auch Claudia Z. ist gut abgesichert. Haftpflicht und BU hat sie schon während ihres Studiums abgeschlossen. Auch sie sollte eine Hausratversicherung abschließen, weil sie eine kostspielige Fotoausrüstung und hochwertige technische Geräte besitzt.

Claudia Z.: Geld clever anlegen

Für Claudia Z. gilt es jetzt, so viel wie möglich zu sparen, auch für die Altersversorgung. Sie weiß ja nicht, wie sich ihre Einkommenssituation in der Selbstständigkeit entwickelt, auch wenn Bausachverständige in der Regel gut verdienen.

Sie hat einen Riester-Fondssparplan abgeschlossen. Solange sie angestellt ist, bekommt sie die Zulage und kann 2100 Euro jährlich von der Steuer absetzen.

Wenn sie selbstständig ist, fallen Zulage und Steuerersparnis weg. Sie kann dann den Riester-Fondssparplan aber privat als sogenannten ungeförderten Riester-Vertrag weiterführen. Auch das hat einen Vorteil für sie: Anders als bei normalen Fondssparplänen sind die Erträge im Riester-Fondssparplan über die gesamte Laufzeit steuerfrei. Und dazu hat sie noch, wie bei allen Riester-Verträgen, ob gefördert oder nicht, die Kapitalgarantie. Also zumindest ihre eingezahlten Beiträge sind gesichert.

Aber die Riester-Rente reicht natürlich für ihre Altersvorsorge nicht aus. Deshalb zahlt Claudia Z. 300 Euro monatlich in eine britische Rentenversicherung auf Aktienbasis ein.

Die Rürup-Rente will sie abschließen, wenn sie selbstständig ist. Mit dieser will sie die gesetzliche Rentenversicherung ersetzen, in die sie ja dann nicht mehr einzahlen wird.

☞ Unsere Meinung:

> Beide gut verdienenden Single-Frauen mit ihren unterschiedlichen Lebensplanungen haben sich gut abgesichert und ihr Geld klug angelegt. Sie nutzen die Möglichkeiten, die sich ihnen bieten, optimal.

Kapitel 13

Auf wen ist Verlass? Auf mich und sonst niemanden!

Partnerschaft und Kind

Sie haben es am Anfang dieses Buches gelesen: Finanzielle Unabhängigkeit wünschen sich fast 90 % aller jungen Frauen, und zwar vom Partner und vom Staat. Sie möchten unbedingt Beruf und Familie vereinbaren. Partnerschaft, Kinder und Karriere sind ihnen gleich wichtig. Die jungen Frauen wollen alles – und sie haben gute Aussichten, das auch zu erreichen.

Wir finden das großartig, trotzdem sind wir eher skeptisch! Denn zwischen wollen und tatsächlich tun ist ein großer Unterschied. Wir erleben leider auch bei jungen Frauen einen Rückfall in alte Rollenbilder und Abhängigkeiten, sobald eine Partnerschaft eingegangen wird und das erste Kind kommt. Vergessen wird dann leicht, dass finanzielle Unabhängigkeit ausschließlich durch bezahlte Arbeit erreicht wird, die ein eigenständiges Auskommen und die spätere Rente sichert.

Nina B. ist ein klassischer Fall. Im Studium lernt sie ihren späteren Mann kennen. Bald ist ein Kind unterwegs, die beiden heiraten. Sonnenklar ist, dass Nina B. ihre beruflichen Pläne nicht weiterverfolgt. Sie steigt aus, bevor sie noch richtig eingestiegen ist. Und widmet sich fortan ihrem Kind, hält ihrem Mann den Rücken frei für seine Karriere. Die bringt ihn in hohe Ämter, Nina ist und bleibt Hausfrau. Denn nach dem ersten Kind kommt das zweite.

Die Rückkehr in den Beruf, der nie ausgeübt wurde, ist mittlerweile nicht mehr möglich. Sie konnte ja keine beruflichen Erfahrungen sammeln, und weitergebildet hat sie sich nicht während der Erziehungszeit. Also arbeitet Nina B. auf 400-Euro-Basis in einer Boutique.

Wir fragen uns: Warum lassen sich immer noch so viele Frauen auf so eine Situation ein? Wir meinen: weil sie die Folgen nicht bedenken.

Fünf Fallen, die Sie kennen sollten

Zu langer Ausstieg aus dem Beruf

Wer heute eine qualifizierte Ausbildung bzw. ein Studium absolviert hat, hat nach fünf Jahren beruflicher Pause kaum mehr Chancen, im erlernten Beruf zu arbeiten. Schauen Sie sich also rechtzeitig nach Kinderbetreuungsmöglichkeiten um! Nutzen Sie die Elternzeit zur beruflichen Fortbildung! Halten Sie Kontakt mit Ihrem früheren Arbeitgeber, damit Sie so bald wie möglich wieder anfangen können zu arbeiten.

Minijob

In keinem europäischen Land gibt es so viele Minijobber wie in Deutschland: 7,3 Millionen. Und 4,6 Millionen davon sind Frauen! Minijobs sind für viele reizvoll, weil auf die 400 Euro keine Steuern und Sozialabgaben zu zahlen sind.

Aber:

Das ist jedenfalls die bittere Erkenntnis der Expertinnen und Experten, die den ersten Gleichstellungsbericht für die Bundesregierung erstellt haben: 400-Euro-Jobs sind für Frauen desasترös. Sie führen in Sackgassen. Denn Frauen laufen Gefahr, ihre beruflichen Kompetenzen zu verlieren. Ehen halten nicht ewig – was dann? Und die Tatsache, dass im Minijob nicht in die gesetzliche Rente eingezahlt wird, führt zu einer enormen selbst gemachten Altersarmut.

Teilzeitarbeit

Bei Teilzeitarbeit gibt es europaweit große Unterschiede. In Deutschland wird am wenigsten gearbeitet, nämlich nur 18,5 Wochenstunden. In anderen Ländern sind es 25 Wochenstunden und mehr.

Schauen Sie sich bitte die nachfolgende Tabelle an, dann sehen Sie, wie sich langjährige Teilzeitarbeit auf die Rente auswirkt.

Mit welcher Rente können Sie rechnen?

	Höhe des Einkommens in Prozent vom Durchschnitt	
Erwerbszeiten	100 %	80 %
45 Jahre Vollzeit	1 224,00 €	979,20 €
25 Jahre Vollzeit	680,00 €	544,00 €

30 Jahre Vollzeit, 15 Jahre Teilzeit	1 020,00 €	816,00 €
10 Jahre Vollzeit, 30 Jahre Teilzeit	680,00 €	544,00 €
12 Jahre Vollzeit, 18 Jahre Teilzeit	571,20 €	456,96 €
20 Jahre Teilzeit	272,00 €	217,60 €

Quelle: Heide Härtel-Herrmann, Flexibilität für die Rente

Erklärung:

Das Durchschnittseinkommen aller gesetzlich Rentenversicherten betrug im Jahr 2010 genau 2667 Euro brutto. Dafür gibt es einen Rentenpunkt im Wert von 27,20 Euro. Wer 45 Jahre durchschnittlich verdient, bekommt demnach eine Altersrente von 1224 Euro. Frauen verdienen im Schnitt etwa 80 % von diesem Durchschnitt. Kommen Teilzeitjahre hinzu, reduziert sich die Rente (bei einer Halbtagsstelle) aus diesen Jahren um die Hälfte. Bei einem Minijob erwerben Sie keine Rentenpunkte.

Wer z. B. 30 Jahre Vollzeit und 15 Jahre halbtags arbeitet und auf einem Frauengehaltsniveau liegt, kann mit einer Altersrente von etwa 816 Euro rechnen.

Mein Mann sorgt doch für mich

Frauen geben ihre Eigenständigkeit auf und verlassen sich auf ihren Mann. Dabei ist doch schon lange klar:

Ein Mann ist keine Absicherung.

Da muss man gar nicht die Statistik bemühen, nach der beinahe jede zweite Ehe auseinandergeht.

Viele Frauen bedenken das nicht. Der Gesetzgeber ist da schon weiter. Er geht davon aus, dass auch eine Frau mit

Kind nach drei Jahren wieder arbeiten und ihren Lebensunterhalt verdienen kann. Im neuen Unterhaltsrecht wurde per Gesetz Schluss gemacht mit der Versorgerehe.

Meine Familie füllt mich aus

Wir meinen: Kinder können nicht auf Dauer der alleinige Lebensinhalt sein. Die Zeit, in der ein Kind ausschließlich auf die Fürsorge der Eltern angewiesen ist, ist immer zeitlich begrenzt.

Und was kommt danach?

Eine heute 25-Jährige kann weit über 90 Jahre alt werden. Angenommen, sie lebt in einer Partnerschaft und hat zwei Kinder. Was ist, wenn die Kinder aus dem Haus sind? Die Ehe vielleicht geschieden, der Weg in eine Berufstätigkeit versperrt mangels Erfahrung? Was macht sie dann? Ohne Partner, ohne Job, ohne Unterhaltsansprüche?

☞ **Unsere Meinung:**

Eine bezahlte Arbeit erhöht das Selbstwertgefühl, sie ist Teilhabe am sozialen Leben, schafft Kontakte, eigenes Geld und eine eigene Rente. Es ist gut, für Arbeit auch entlohnt und gesellschaftlich anerkannt zu werden.

Wenn sich junge Frauen mehr Gedanken machen würden über ihre Zukunft, über die langfristigen Folgen ihrer Entscheidungen und ihres Handelns, wäre sicherlich vieles ganz anders.

Mein, dein, unser Geld?

Ob Auto, Kita-Gebühren oder Altersvorsorge – alles, was kostet, sorgt oft für Streit. Unser Rat: Verständigen Sie sich über ein paar Grundregeln.

Frauen haben eine gute Ausbildung, verdienen ihr Geld, geben es aus oder legen es an. Frauen erben, sie verwalten eigene Konten, bestimmen, ob und wie lange sie berufstätig sind. Heute alles selbstverständlich!

Aber in der Partnerschaft ist Geld immer noch ein Tabuthema. Man redet lieber über geheime Wünsche im Bett als über Finanzen, so ein Ergebnis der Studie »Gemeinsam leben, getrennt wirtschaften« des Wissenschaftszentrums Berlin für Sozialforschung. Und wenn dann doch übers Geld geredet werden muss, fliegen die Fetzen. Denn auch das hat eine Untersuchung der US-Universität Denver erwiesen: Über nichts streiten Paare so sehr wie über den Umgang mit Geld. Wir fragen uns: Warum eigentlich?

Wie Paare trotzdem glücklich bleiben

Klare Verhältnisse: Getrennte Kasse

Sie wollen Konflikten von vornherein aus dem Weg gehen? Dann wäre der Gedanke an eine getrennte Kasse ein wichtiger Schritt: Jede/r behält ein eigenes Konto, über das alle persönlichen Einnahmen und Ausgaben laufen. Das mag reichlich unromantisch erscheinen, es hat aber den Vorteil, dass beide Partner finanziell unabhängig bleiben und dass sich niemand für persönliche Ausgaben rechtfertigen muss.

Absolute Vertrauenssache: Ein Paar, ein Konto

Ein gängiges Modell ist das gemeinsame Girokonto: Beide lassen ihr Gehalt dorthin überweisen, und beide haben jederzeit Zugriff aufs Konto. Richtig oder falsch gibt es hier nicht. Wichtigste Voraussetzung: Die Partner fühlen sich wohl damit, kennen die rechtlichen Konsequenzen und die zwei Möglichkeiten: das Und-Konto oder das Oder-Konto.

Bei einem Und-Konto sind Sie und Ihr Partner nur gemeinsam verfügungsberechtigt. Das heißt, dass Sie alle Kontobewegungen gemeinsam ausführen müssen, jede Überweisung also zwei Unterschriften braucht. Ein Missbrauch ist ausgeschlossen, aber in der Praxis erweist es sich als sehr umständlich. Weil Ausgaben nur gemeinsam getätigt werden dürfen, kann zum Beispiel keiner der Partner mit einer EC-Karte bezahlen.

Bleibt also das Oder-Konto: Jeder Partner ist allein handlungsberechtigt, kann Geld abheben oder eine Überweisung in Auftrag geben. Das ist die übliche Konto-Variante – und viel passieren dürfte dabei nicht. Trotzdem sollte man bedenken: Ist jemand hoch verschuldet, können Gläubiger auch ein gemeinsames Konto pfänden. Dann kommt keiner von beiden mehr ans Geld. Ähnlich problematisch wird es, wenn ein Paar gerade in Trennung lebt und einer von beiden das Konto massiv überzieht oder leer räumt. Gemeinsam erarbeitetes Geld ist dann futsch, und für Schulden müssen beide aufkommen.

Ausgaben gerecht geteilt: Der Konten-Mix

Eine gute Idee ist das Drei-Konten-Modell, mit dem Sie finanziell unabhängiger sind als mit einem Gemeinschaftskonto. Beide Partner behalten ihre Bankverbindung, überweisen aber einen bestimmten Anteil ihres Gehalts auf ein drittes, ein Haushaltskonto. Von dem werden regelmäßig Miete, Strom, Telefon und Versicherungen für die Wohnung oder Kosten fürs Auto bezahlt. Und je nachdem, was ein Paar vereinbart hat, auch Ausgaben für den Urlaub oder größere Anschaffungen.

Auszeit im Job: Halbe-halbe auf dem Konto

Ob Geburt eines Kindes oder vorübergehend arbeitslos – wer nichts verdient, sollte das rechtzeitig mit dem Partner regeln. Denn für Frauen, die jahrelang selbstständig agiert haben und jetzt mit einem Kind zu Hause sitzen, ist es oft bedrückend, vom Geld des Partners abhängig zu sein und um alles bitten zu müssen.

Empfehlenswert: Das Gehalt des Hauptverdieners wird geteilt, beide bekommen je eine Hälfte auf ihr Konto überwiesen. Davon bestreiten sie über ein drittes Konto die gemeinsamen Kosten. Das verbleibende Geld kann jeder nach eigenem Gutdünken verwenden.

Und wenn einer das Geld nun zum Fenster rauswirft, während die andere eisern spart? Wir meinen: Wenn ein Paar das eine Gehalt so fair unter sich aufteilt, dann wird es auch genauso verantwortlich damit umgehen.

Gut abgesichert in der Partnerschaft

Unabhängig davon, wie Sie Ihre Finanzen regeln: Auch in einer Partnerschaft müssen die wichtigsten Versicherungen sein, damit aus einem Schadensfall kein GAU (Größter Anzunehmender Unfall) entsteht.

Wenn Sie heiraten, wegen eines Kindes vorübergehend oder länger im Beruf pausieren, ändert sich einiges:

Private Haftpflichtversicherung

Unverzichtbar ist die private Haftpflichtversicherung, Sie wissen es schon. Sie bietet Schutz, wenn Sie für einen Schaden aufkommen müssen, den Sie jemand anderem zugefügt haben. Es gibt günstige Familientarife, in denen die Ehepartner oder unter derselben Adresse gemeldete Lebenspartner und Kinder mitversichert werden können.

Falls bei Eheschließung beide Ehepartner eine Haftpflichtversicherung besitzen, kann der jüngere Vertrag sofort gekündigt werden.

Krankenversicherung

Wenn Sie wegen Ihres Kindes nicht berufstätig sind, können Sie und Ihr Kind bei Ihrem Ehemann beitragsfrei mitversichert werden. Aber nur, wenn er gesetzlich krankenversichert ist. Voraussetzung ist, dass Sie im Monat nicht mehr als 400 Euro verdienen.

Berufstätige Ehefrauen brauchen eine eigene Krankenversicherung. Diese kann gesetzlich oder privat sein. Sind Sie angestellt, müssen Sie in einem Jahr über der Versicherungspflichtgrenze (2012: 50 850 Euro) verdient haben, bevor Sie zwischen privater und gesetzlicher Krankenversicherung wählen können. Berufseinsteiger, die von Anfang an mehr als 50 850 Euro verdienen, können sich sofort privat versichern. Auch wenn Sie selbstständig sind, können Sie sich sofort für die private Krankenversicherung entscheiden.

Kinder werden immer bei dem Elternteil mitversichert, der das höhere Einkommen hat. Ist der höher verdienende Ehepartner privat krankenversichert und liegt mit seinem Einkommen über der Versicherungspflichtgrenze, muss auch das Kind mit eigenem Beitrag versichert werden. Ist der

Partner, der das höhere Einkommen hat, gesetzlich kranken-versichert, so können die Kinder beitragsfrei mitversichert werden.

Berufsunfähigkeitsversicherung

Ich weiß, wie wichtig eine Berufsunfähigkeitsversicherung ist, habe aber noch keine. Wegen meiner beiden Kinder bin ich (26) nicht berufstätig. Kann ich so eine Versicherung überhaupt abschließen, wenn ich im Moment gar keinen Beruf ausübe?

Ja, auch Hausfrauen oder -männer können sich gegen Berufsunfähigkeit absichern, je nach Anbieter bis zu einer maximalen monatlichen Rente zwischen 500 und 1500 Euro. In Ihrem Alter würde eine Berufsunfähigkeitsversicherung mit einer monatlichen BU-Rente von 1000 Euro bis zum 67. Lebensjahr 75 Euro pro Monat kosten.
Allerdings sollten Sie sich genau erkundigen, wann die Versicherungsgesellschaft bei einer Hausfrau eine Berufsunfähigkeit anerkennt. Denn diese Tätigkeit ist nicht so eindeutig definiert wie die einer Krankenschwester oder Bürokauffrau.

Hausratversicherung

Versichern können Partner oder Ehepartner ihren Hausrat gemeinsam, wenn sie in einer Wohnung wohnen.

Risiko-Lebensversicherung für beide

Unbedingt notwendig ist eine Risiko-Lebensversicherung, wenn die Kinder klein sind oder noch eine Immobilie abbezahlt werden muss. Sie verhindert, dass ein Partner nach dem Tod des anderen vor finanziellen Problemen steht. Am besten schließen beide eine solche Risikoversicherung ab.

Denn stirbt der Haupternährer/die Haupternährerin, braucht die Familie Geld, um erst einmal eine bestimmte Zeit zu überbrücken. Stirbt die Betreuerin/der Betreuer des Kindes, braucht die bzw. der Überlebende Geld, um die Versorgung des Kindes sicherzustellen. Empfohlen wird für jeden eine Versicherungssumme in der Höhe von drei bis fünf Jahresbruttogehältern.

Geld clever anlegen

Ich habe ein Kind bekommen und werde beruflich für einige Zeit pausieren. Deshalb möchte ich die Zahlungen in meine private Rentenversicherung stoppen und den Fondssparplan stilllegen. Ich kann mir diese Ausgabe im Moment nicht leisten. Außerdem bin ich ja über meinen Mann abgesichert.

Ein alltäglicher Anruf in unseren Büros. Leider denken viele Frauen so, unabhängig von Ausbildung und Beruf. Auch hier sollten Sie ganz nüchtern die Folgen bedenken. Wenn Sie sich in den nächsten Jahren dem gemeinsamen Kind widmen, haben Sie eine aufregende und schöne Zeit vor sich. Sie nehmen dadurch aber auch – im Gegensatz zu Ihrem Partner – erhebliche berufliche und wirtschaftliche Nachteile in Kauf. Denn: Ihre Altersvorsorge wird deutlich niedriger ausfallen als ursprünglich geplant. Da nutzt es auch nicht viel, dass Frauen in der Erziehungsphase bis zum dritten Geburtstag des jeweiligen Kindes in der gesetzlichen Rentenversicherung einen Kindererziehungsbonus erhalten. Auf die Erziehungsphase folgt ja häufig eine längere Teilzeitphase. Ein halbes Gehalt bedeutet aber auch nur halbe Rentenansprüche.

Das sollten Sie tun

Sparpläne weiterführen

Statt Sparpläne zu reduzieren, müssten Sie diese im Grunde erhöhen, wenn Sie längere Zeit beruflich pausieren. Auf jeden Fall aber sollten die Beitragszahlungen für Ihre schon bestehende Altersvorsorge aus dem Familieneinkommen weitergeführt werden.

Wenn das finanziell schwierig ist, sollte der Ehemann oder Partner die Beiträge für seine private Altersversorgung aussetzen oder reduzieren. Er zahlt ja weiterhin in die gesetzliche Rentenversicherung oder in ein Versorgungswerk ein. Möglicherweise bestehen für ihn auch noch zusätzliche Ansprüche aus einer Betriebsrente, die sich proportional zur Betriebszugehörigkeit erhöhen.

Nach unserer Erfahrung haben Männer dazu noch meist mehrere Sparpläne oder Lebensversicherungen, sodass eine Unterbrechung seiner privaten Verträge für ihn keine dramatischen Folgen haben dürfte. Paare machen am besten gemeinsam einen fairen Plan und reden vernünftig über das Thema.

Riester-Rente abschließen

Nutzen Sie unbedingt die staatliche Förderung der Riester-Rente! Mit einem Monatsbeitrag von nur fünf Euro während der Erziehungszeit sichern Sie sich die jährliche staatliche Grundzulage von 154,00 Euro und die Kinderzulage von 300,00 Euro pro Kind (siehe Kapitel 8, Riester-Rente).

Ohne Trauschein glücklich

Die Zahl der Partnerschaften ohne Trauschein steigt. Mehr als drei Millionen Menschen leben in Deutschland in nicht ehelichen Lebensgemeinschaften. Frauen begeben sich damit oft in existenzbedrohende Lebenssituationen, wenn sie sich nicht rechtzeitig absichern.

Mein Freund und ich erwarten ein Kind. Er verdient gut und möchte, dass ich meinen Beruf aufgebe, damit ich mich ganz unserem Kind widmen kann. Eigentlich wollte ich nie heiraten, weil ich früher unter dem Scheidungsstreit meiner Eltern sehr gelitten habe. Jetzt bin ich unsicher: Bringt eine Heirat vielleicht doch was?

Das fragt Rosanna L., 26 – und sie hat recht! Für sie wäre es auf jeden Fall von Vorteil zu heiraten. Zwar sind nicht eheliche Kinder den ehelichen heute rechtlich gleichgestellt, aber unverheiratete Mütter stehen deutlich schlechter da als verheiratete. Eine geschiedene Mutter hat in vielen Fällen, vor allem nach langer Ehe, einen längeren und besseren Unterhaltsanspruch. Außerdem profitieren geschiedene Ehefrauen vom Versorgungsausgleich. Das heißt: Sie partizipieren dann an den Rentenansprüchen des Partners. Das ist für Rosanna L. besonders wichtig, weil sie ihre Berufstätigkeit eventuell aufgeben will.

Bedenken sollte sie zudem Folgendes: Wenn sie nicht verheiratet ist, gibt es nach einer möglichen Trennung auch keinen Zugewinnausgleich. Während ihr Freund wegen seines hohen Einkommens im Laufe der Zeit ein Vermögen aufbauen kann, bekommt sie davon im Ernstfall keinen Euro.

Wenn Rosannas Partner plötzlich sterben sollte, stünde sie unversorgt da, wenn vertraglich nichts geregelt ist. Und selbst wenn es ein Testament zu ihren Gunsten gibt, müsste sie viel höhere Erbschaftssteuern zahlen als eine Ehefrau (die hat 500 000 Euro Freibetrag, Rosanna hätte nur 20 000 Euro).

Eine Eheschließung kann also durchaus ratsam sein, selbst wenn dies keine Lebensversicherung ist.

Aber, liebe Leserinnen, behalten Sie einen kühlen Kopf: Sollte Ihr Partner auf die Idee kommen, einen Ehevertrag abzuschließen, in dem Sie auf die genannten Rechte verzichten, bringt Ihnen die Ehe keinerlei Vorteile für Ihre persönliche Absicherung.

Wenn Ihr Freund trotz aller guten Argumente nicht heiraten will, sollten Sie die finanziellen Dinge unbedingt schriftlich regeln. In einem solchen Vertrag müssen Sie festlegen, wie Ihre Situation aussieht, wenn Ihr Partner vor Ihnen sterben sollte, und wie Sie und Ihr Kind dastehen, wenn die langjährige Beziehung auseinandergehen sollte.

Bitten Sie Ihren Partner, seine Vorstellungen zu dieser vertraglichen Regelung schriftlich festzulegen. Diese Vorschläge sollten Sie dann unbedingt mit einer Fachanwältin für Familienrecht oder mit einer Notarin besprechen, um auch wirklich über die Konsequenzen informiert zu sein.

Aus unserer langjährigen Erfahrung und aus Tausenden von Beratungsgesprächen können wir Ihnen und allen Frauen in Ihrer Situation nur raten: Handeln Sie jetzt! Das Eis ist dünn, auf dem Sie sich derzeit befinden.

Und überlegen Sie bitte dreimal, Heirat oder nicht, ob Sie tatsächlich Ihren Beruf ganz und für längere Zeit aufgeben wollen. Eine Rückkehr nach vielen Jahren ist meist nicht mehr möglich.

☞ **Unsere Meinung:**
Natürlich muss man heute nicht mehr heiraten, wenn man zusammenleben will. Häufig aber zahlen Frauen drauf, wenn die Beziehung irgendwann einmal in die Brüche geht. Haben Frauen gar ihren Beruf für Partnerschaft und Kind aufgegeben und nicht per Vertrag vorgesorgt, wird es bitter.

Kinder – von klein auf gut geschützt

Kinder brauchen ganz besonderen Schutz, auch in finanzieller Hinsicht. Denn Kinder sind in besonderem Maß unfallgefährdet, weil sie oft unbedacht handeln und Risiken noch nicht richtig einschätzen können. Ein Unfall oder eine schwere Erkrankung im Kindesalter (zum Beispiel nach einem Zeckenbiss) kann aber unter Umständen gravierende Folgen haben. Ein absolutes Muss ist deshalb eine:

Unfall- und Invaliditätsversicherung für Kinder

Was viele nicht wissen: Die gesetzliche Unfallversicherung deckt nur den Weg zum Kindergarten, zur Schule oder zur Universität ab. Alles, was Ihrem Kind in der Freizeit passieren könnte, muss privat abgesichert werden. Verunglückt ein Kind und erleidet es unter Umständen bleibende Schäden, kommen auf die Familie zu den psychischen Belastungen auch noch hohe materielle Verpflichtungen hinzu – im schlimmsten Fall lebenslang.
Über eine Unfallrente in Verbindung mit einer einmaligen

Kapitalauszahlung erhält Ihr Kind eine lebenslange Rente, wenn es mindestens zu 50 % Invalide ist. Für einen höheren Beitrag können Sie eine Kinderinvaliditätsversicherung abschließen, bei der Unfälle und bestimmte Krankheiten gleichermaßen abgesichert sind.

Die Versicherung kann in der Regel zwischen dem Alter von 6 Monaten und dem 18. Lebensjahr abgeschlossen werden. Sie zahlt, wenn ein Kind einen dauerhaften Schaden erleidet – egal, ob dieser durch eine Krankheit oder einen Unfall verursacht wurde. Sie kann dem Kind auch im Erwachsenenalter ein regelmäßiges Einkommen sichern, wenn die Eltern nicht mehr für ihr Kind sorgen können.

Die Leistung aus der Kinderinvaliditätsversicherung wird als lebenslange Rente, als einmaliger größerer Geldbetrag oder als eine Kombination von beidem angeboten. Die Kombination ist ideal, denn der Geldbetrag kann zum Beispiel für den behindertengerechten Umbau einer Immobilie und / oder für besondere medizinische Behandlungen verwendet werden. Die Rente dient dazu, dem Kind ein lebenslanges Grundeinkommen zu sichern. Die Höhe der Leistung hängt vom festgestellten Invaliditätsgrad ab.

☞ **Unsere Meinung:**

Bei dieser sehr schwierigen Materie ist eine qualifizierte Beratung unerlässlich, weil die Details, auf die es ankommt, für Laien nicht zu durchschauen sind.

Kapitel 14

Was wäre, wenn ...?
Der Worst Case und seine Folgen

In den meisten Fällen endet ein Film nach dem Happy End. Dabei wird's doch da gerade interessant! Denn, Sie wissen ja: »Und sie lebten glücklich bis an ihr Lebensende«, das gibt es meist nur im Märchen.

Wie könnte zum Beispiel die wunderbare Aschenputtel-Geschichte von Richard Gere und Julia Roberts in »Pretty Woman« nach dem Happy End weitergegangen sein? Hätte er, der Millionär, ihr einen Ehevertrag vorgelegt, mit dem sie bei einer Trennung auf ihren Anteil an seinem Vermögen verzichtet? Hätten sie sich irgendwann einmal getrennt, weil ihm eine jüngere Ausgabe seiner Frau über den Weg lief? Und wie wäre es dann mit ihrer Absicherung und ihrer Altersvorsorge?

Vielleicht ist der Film »Pretty Woman« kein besonders gutes Beispiel. Denn Märchen sind nun mal nicht die Realität, und träumen ist ja erlaubt.

Kehren wir deshalb auf den harten Boden der Realität zurück. Beziehungen halten heute vielfach nicht mehr lebenslang. In Großstädten wird mittlerweile jede zweite Ehe geschieden, nicht eheliche Beziehungen sind da noch gar nicht erfasst.

Partner sind häufig nur noch Lebensabschnittspartner. Deshalb ist es sehr wichtig, Bescheid zu wissen für den Fall der Fälle.

Das heißt, ich soll wirklich jetzt schon an den Worst Case denken?, fragt Silke N., 29, frisch verheiratet, skeptisch.

Lieber jetzt unromantisch als später arm!

Natürlich ist es nicht besonders romantisch, sich schon zu Beginn einer Partnerschaft für die Folgen einer eventuellen späteren Trennung zu interessieren. Aber es ist vernünftig und notwendig. Ist der Worst Case erst einmal eingetreten, die Liebe abhandengekommen, lassen sich erfahrungsgemäß kaum mehr faire Regelungen treffen.

Sprechen Sie also über heikle Themen, wenn es noch richtig gut läuft zwischen Ihnen und Ihrem Partner.

Aber erst einmal ist es für Sie wichtig zu wissen, was auf Sie zukommen kann im Fall einer Trennung oder Scheidung. Und wie Sie sich rechtzeitig davor schützen.

Verliebt! Verlobt! Versorgt? Alles über das neue Unterhaltsrecht

Per Gesetz wurde Schluss gemacht mit der Versorgerehe. Seit 1. Januar 2008 gibt es ein neues Unterhaltsrecht. Aber das wird viel zu selten wahrgenommen, wie wir in unseren Beratungsgesprächen immer wieder feststellen.

Dabei war in den letzten Jahren kaum eine gesetzgeberische

Entscheidung mit derart einschneidenden Veränderungen für Frauen verbunden. Zwar gab es schon früher keine Garantie, durch eine Ehe lebenslang versorgt zu sein. Aber Frauen konnten sich eher dieser Illusion hingeben. Das aktuelle Unterhaltsrecht macht Schluss damit.

Was Sie deshalb unbedingt wissen sollten

Warum überhaupt eine Reform? Der Gesetzgeber geht davon aus, dass die Ehe kein Versorgungsinstrument mehr ist. Das neue Recht fordert mehr Eigenverantwortung – von beiden Eheleuten. Jeder sollte berufstätig sein und schon heute dafür sorgen, im Falle einer Scheidung nicht mittellos dazustehen.

Denn: Lebenslange Unterhaltszahlungen sollen verhindert werden. Die geschiedene Ehefrau bekommt keinen oder nur zeitlich befristeten Unterhalt und hat keinen Vorrang gegenüber einer zweiten Ehefrau, falls ihr Exmann knapp bei Kasse ist. Dadurch soll nach einer Scheidung die Gründung neuer Familien mit Kindern erleichtert werden.

Wie wird das Geld verteilt?

An erster Stelle steht jetzt der Unterhalt für die minderjährigen Kinder und für die 18- bis 21-Jährigen, die sich noch in der Schulausbildung befinden. Im Gegensatz zu früher spielt es keine Rolle, ob es sich um nicht eheliche Kinder, um Kinder aus der geschiedenen oder aus der neuen Ehe handelt. Bleiben dem Vater von seinem Einkommen dann noch mehr als 950 resp. 1050 Euro übrig, bekommt zunächst diejenige Frau Unterhalt, die ein gemeinsames Kind betreut. Diesen Anspruch hat sie mindestens bis zu drei Jahre nach der Geburt.

Es wird erwartet, dass Kinder dann in eine Kindertagesstätte gehen, damit die Mutter zumindest Teilzeit arbeiten kann. Früher musste sie bis zum achten Lebensjahr des Kindes überhaupt nicht, danach nur schrittweise immer länger erwerbstätig sein. Mit einem Ganztagsjob konnte sie sich Zeit lassen bis zum 15. Geburtstag des Kindes.

Gerade für geschiedene, oft alleinerziehende Mütter bedeutet die jetzige Regelung eine komplette Änderung. Ein konkretes Beispiel: Eine geschiedene Ehefrau betreut eine fünfjährige Tochter, der Vater – ihr Exmann – hat inzwischen ein neues Kind. Sein Einkommen reicht jedoch nicht, um beide Familien zu versorgen. Dann geht die geschiedene Mutter leer aus. Die Fünfjährige muss und kann in den Kindergarten gehen und später, wenn sie zur Schule kommt, in den Hort.

Und wenn kein Kita-Platz frei ist?

Zunächst muss sich die Mutter des Kindergarten- oder Schulkindes sehr intensiv um eine Betreuungsmöglichkeit bemühen. Hat sie damit nachweislich keinen Erfolg, wird das, was der Mann zahlen kann, zwischen beiden Müttern aufgeteilt.

Zahlen ältere Frauen drauf?

Das ist wichtig, wenn Ihr Ehemann schon einmal verheiratet war.

Bei sehr langen Ehen kommt es häufig vor, dass die Frau nicht berufstätig war – insbesondere (aber nicht ausschließlich) wegen der Betreuung der Kinder. In einem solchen Fall ist die geschiedene der neuen Ehefrau gleichgestellt. Ihr Unterhalt wird aber wesentlich geringer ausfallen. Möglicherweise muss der Mann erst einmal für mehrere Kinder zahlen. Und was ihm dann über dem Selbstbehalt von 1050 Euro bleibt, muss sich seine Exfrau mit der Mutter des neuen Kindes teilen.

☞ **Unsere Meinung:**

Die meisten jungen Frauen wollen heute beides: Kinder und einen qualifizierten Beruf. Sie sollten für alle Wechselfälle des (Ehe-)Lebens vorsorgen:

- Die Berufstätigkeit nur so kurz wie möglich unterbrechen.
- Elternzeit und -geld für Mutter und Vater in Anspruch nehmen.
- Den Beruf nicht wegen der Kinder aufgeben, stattdessen den Ehemann in die Versorgung einbinden.
- Schon früh für gute Betreuung sorgen, z. B. mit Krippe, Kita, Tagesmutter.
- Mit dem Arbeitgeber individuelle Arbeitszeiten vereinbaren.

Ehevertrag: Zwangsjacke oder sinnvolle Regelung?

Wer sich gegen einen Beruf entscheidet und nur für die Kinder da sein will, sollte unbedingt auf einem Ehevertrag bestehen. Damit kann man sich für den Fall der Scheidung gegen alle ehebedingten Nachteile absichern, z. B. durch eine eigene private Altersversorgung und den Ausschluss aller gesetzlichen Regelungen, die sich negativ auswirken könnten.

Letzteres darf künftige Kinder und neue Frauen des geschiedenen Mannes aber nicht benachteiligen.

Eine ausreichende Altersversorgung haben Sie damit aber noch nicht erreicht.

Wenn Sie sich vor und während Ihrer Ehe auf so einen Vertrag einlassen, dann sollten Sie wissen, welche Folgen das für Sie hat.

Ehevertrag als Zwangsjacke

Belinda M. will heiraten. Ihr künftiger Mann kommt aus einer sehr reichen Unternehmerfamilie. Zwei Wochen vor der Hochzeit spricht der künftige Ehemann von einem Ehevertrag, in dem Gütertrennung vereinbart werden soll. Der künftige Schwiegervater will, dass das Vermögen in der Familie bleibt, falls es zu einer Scheidung kommen sollte. Belinda M. soll also auf alle Ansprüche verzichten.

In diesem Fall soll der Ehevertrag ausschließlich dazu dienen, Druck auf die wirtschaftlich Schwächere auszuüben. Deshalb sollten Sie sich in so einem Fall unbedingt von einer Fachanwältin beraten lassen.

Denn Gütertrennung heißt: Jeder wirtschaftet während der Ehe für sich und kann frei über sein eigenes Vermögen verfügen. Im Falle einer Scheidung behält jeder das eigene Vermögen. Es findet kein Ausgleich des Zugewinns statt. Die Ehefrau, die vielleicht viele Jahre wegen der Erziehung der gemeinsamen Kinder gar nicht oder nur Teilzeit gearbeitet hat und deshalb kein eigenes Vermögen erwerben konnte, geht dabei leer aus. Auch an der Wertsteigerung der Firma oder Praxis ihres Ehemannes nimmt sie nicht teil.

Wer sich in Absprache mit dem Partner gegen einen Beruf entscheidet und nur für die Kinder da sein will, sollte unbedingt auf einem Ehevertrag bestehen. Damit kann man sich für den Fall der Scheidung gegen alle ehebedingten Nachteile absichern, z. B. durch eine eigene private Altersversorgung und den Ausschluss aller gesetzlichen Regelungen, die sich negativ auswirken könnten. Letzteres darf künftige Kinder und neue Frauen des geschiedenen Mannes aber nicht benachteiligen.

Wer nicht verheiratet mit einem Partner zusammenlebt und wegen eines Kindes aus dem Beruf aussteigt, sollte ebenfalls in einem Vertrag regeln, wie die Situation aussieht, wenn der Partner stirbt oder wenn die Beziehung auseinandergehen sollte.

Das sollten Sie für den Fall einer Scheidung wissen

Sogar in den Köpfen junger Frauen gibt es noch die Vorstellung, dass ein Ehemann eine gute Absicherung ist. Hier sind die Fakten:

Zugewinngemeinschaft

Gibt es keine anderslautende vertragliche Regelung, gilt der Güterstand der Zugewinngemeinschaft. Das bedeutet, dass Sie, wenn Sie bei der Eheschließung beide kein Vermögen hatten und jetzt ein gemeinsames Vermögen von 50 000 Euro besitzen, einen Zugewinn von 50 000 Euro erzielt haben. Dieser Zugewinn gehört Ihnen beiden, er wird also geteilt.

Jeder behält, was er bereits in die Ehe eingebracht oder während der Ehe geerbt hat. Nur der Vermögenszuwachs wird durch zwei geteilt.

Das gilt auch für Lebensversicherungsverträge zur Altersvorsorge auf Kapitalbasis. Besitzt der Ehemann einen oder mehrere solcher Verträge, dann wird bei der Scheidung im Zugewinnausgleich oft nur der niedrige Rückkaufswert zugrundegelegt. Die Ehefrau erhält also nur die Hälfte des Betrags, um den der Rückkaufswert in der Ehe gestiegen ist, während der Ehemann die Lebensversicherung behält, nach der Scheidung weiter einzahlt und damit bis zum Ruhestand auf eine stattliche Summe kommen kann.

Private Rentenversicherungen werden nicht im Zugewinnausgleich, sondern im Versorgungsausgleich ausgeglichen.

Versorgungsausgleich

Der Versorgungsausgleich wird bei einer Scheidung unabhängig vom Güterstand durchgeführt. Schon im Trennungsjahr sollten Sie eine Kontenklärung bei der Deutschen Rentenversicherung veranlassen, damit diese den Versorgungsausgleich bei der Scheidung schneller berechnen kann. Geteilt wird im Versorgungsausgleich nicht das Vermögen, sondern der Anspruch auf Altersvorsorge. Wie viel Rente eine Ehefrau über den Versorgungsausgleich bei einer Scheidung erhält, hängt von der Dauer der Ehe und der Rente des Ehemannes ab. Denn geteilt wird bei einer Scheidung nur das, was während der Ehezeit »zugewachsen« ist. Wenn also beispielsweise ein Mann vor der Ehe schon einen Rentenanspruch von 1000 Euro erworben hat und während der Ehe weitere 1000 Euro dazu erwirbt, dann werden nur die letzten 1000 Euro geteilt. Die Ehefrau bekäme also später nur 500 Euro monatlich, wenn sie keine eigenen Rentenansprüche aufgebaut hat.

Private Rentenversicherungen werden real geteilt, das heißt, die Ehefrau bekommt eine eigene, aus dem Deckungskapital errechnete Versicherung.

Bei Betriebsrenten ist es so: Der in der Ehezeit entstandene Anspruch auf Betriebsrente wird sofort geteilt, und die Ehefrau erhält bei Scheidung ein eigenes Betriebsrentenkonto mit dem errechneten Rentenanspruch. Damit nehmen beide Ehepartner teil an möglichen Rentenerhöhungen durch den Arbeitgeber. Die Rente fließt aber natürlich erst, wenn man in Rente geht.

Kapitel 15

So viele Finanzberaterinnen! Wie finde ich die richtige?

Woran erkenne ich gute Beratung?

Finanzberater gehören in anderen Ländern, beispielsweise in Großbritannien und den USA, zu den anerkannten Beratungsberufen. In Deutschland allerdings genießt der Berufsstand keinen guten Ruf. Warum? Weil Finanzberater oft nicht gut ausgebildet sind, häufig nur ein Produkt anzubieten haben und eigentlich ja nur auf ihre Provision schielen! So lesen und hören Sie das in den Medien!

Nun, Lug und Trug kommen auch in anderen Branchen vor! Es gibt unseriöse Rechtsanwälte, Ärzte, Einzelhändler etc. Aber, und das ist das Entscheidende: Es gibt eben auch »die Guten«! Und wie Sie die erkennen, lesen Sie hier.

Dabei ist eines sicher: Nur wenn Sie ausreichend informiert und gut beraten wurden, erleben Sie später keine bösen Überraschungen!

Suchen Sie sich daher eine UNABHÄNGIGE Beratung, die soliden Marktüberblick und fundiertes, umfassendes Wissen in die Anlageempfehlungen einfließen lässt.

Bevor Sie sich beraten lassen, sollten Sie also genau prüfen, WER Sie berät.

1. Wie lange ist die Beraterin schon tätig? Verfügt sie über genügend *Erfahrung*?
2. Handelt es sich um eine Vermittlerin, die an nur *eine Gesellschaft gebunden* ist? Denn das bedeutet, dass sie nur eingeschränkte Möglichkeiten bei der Auswahl von Produkten hat.
3. Oder sitzt vor Ihnen eine *unabhängige Beraterin*, die Ihnen unabhängig von Versicherungen, Banken und Kapitalanlagegesellschaften je nach Erfordernis ein fundiertes Anlagekonzept, eine für Ihre Bedürfnisse geeignete Versicherungslösung oder eine passende Risikoabsicherung anbieten kann?
4. Herrschen »*geordnete Verhältnisse*«? Gibt es Büroräume und Angestellte, die Ihnen Professionalität vermitteln? (An dieser Stelle, liebe Frauen, möchten wir sagen, dass Sie diesen Punkt nicht prüfen können, wenn das Gespräch bei Ihnen am Wohnzimmertisch stattfindet!)
5. Welche *Qualifikation* kann die Beraterin vorweisen?
6. Im Bereich Versicherungen können Sie schnell nachprüfen, ob eine ausreichende Qualifikation vorhanden ist, denn Versicherungsvermittler müssen seit Mai 2007 bei den Handelskammern registriert sein. Diese *Registrierung* erhält man nur mit ausreichender Qualifikation für diesen Bereich!
   Eine derartige Registrierung ist auch für andere Bereiche vorgesehen, etwa für die Vermittlung von Investmentfonds.
7. Auch eine *Vermögensschadenshaftpflichtversicherung* wird bald für alle in diesem Bereich Tätigen verpflichtend sein. Diese stellt eine Rückversicherung dar, die im Falle eines Beratungsfehlers den Schaden übernimmt.

Wie kann denn ein solcher Beratungsfehler passieren? Na ja, zum Beispiel, wenn der Beraterin zum Zeitpunkt der Empfehlung wichtige Sachverhalte nicht bekannt waren oder Ihre Situation falsch eingeschätzt wurde. Daher ist es sehr wichtig, dass Sie auch einiges gefragt werden!

Unerlässlich sind Fragen

- *nach Ihrer persönlichen Situation:*
  Alter, Familienstand, Familienplanung, Partner/in (auch sei-
  ne/ihre Situation ist wichtig, wenn sie Ihre Situation beein-
  flusst), vorhandenes Vermögen und Schulden
- *nach Ihrer beruflichen Situation:*
  Erhalten Sie regelmäßiges Einkommen und woher? Sind Sie
  arbeitslos, angestellt, selbstständig, stehen Gehaltserhöhungen an, oder werden Sie künftig weniger arbeiten, planen Sie
  eine Weiterbildung (die zwar aktuell kostet, aber später ein
  höheres Einkommensniveau beschert) usw.
- *nach Ihren schon bestehenden Anlagen:*
  Künftige Anlagen sollten die bestehenden sinnvoll ergänzen, sofern diese noch zu Ihrer Situation und Ihren Zielen
  passen
- *nach Ihren Zielen:*
  Altersvorsorge auf- oder ausbauen, Vermögensaufbau oder die
  wichtige Risikoabsicherung
- *nach der Anlagesumme:*
  monatlich und/oder einmalig
- *nach dem Anlagezeitraum:*
  kurz-, mittel- oder langfristig
- *nach Ihrer Risikoneigung:*
  konservativ oder risikofreudig

Wir machen immer wieder die Erfahrung, dass manche
Frauen diese ausführlichen Fragen als unangenehm oder gar
neugierig empfinden. Selbstverständlich sind diese Angaben von Ihrer Seite her freiwillig! Aber bedenken Sie: Nur in
Kenntnis Ihrer Situation und Ihrer Ziele kann eine unabhängige Beraterin Ihnen aus der sehr großen Bandbreite an
Produkten Vorschläge unterbreiten, die wirklich zu Ihnen
passen.

Damit Sie und die Beraterin nachher noch wissen, was Sie besprochen haben und auf welchen Vorgaben ihre Empfehlung aufgebaut war, sollte es ein BERATUNGSPROTOKOLL geben. Auch Jahre später kann so das Gespräch oder eine länger andauernde Finanzberatung nachvollzogen und darauf aufgebaut werden, wenn neuer Bedarf besteht oder Ihre Situation sich verändert hat.

Aber ich habe noch nicht viel Geld, lohnt sich da eine Finanzberatung für mich? Das ist doch nur was für reiche Leute, oder?

Das stimmt nicht. Egal, wie viel Geld Sie JETZT haben – Sie haben doch Ziele, die Sie erreichen möchten. Und dazu ist es wichtig, die Weichen rechtzeitig und richtig zu stellen.
Nehmen Sie also professionelle, unabhängige Hilfe in Anspruch, damit aus Ihren Wünschen und Zielen Realität wird!

Honorarberatung

In den Medien lesen und hören Sie immer wieder, dass ausschließlich die Honorarberatung sinnvoll und im Sinne der Kunden ist. Zur Information: Bei der Honorarberatung zahlen Sie an die Beraterin/den Berater ein Honorar für die Zeit, in der sie oder er für Sie tätig ist. Bei der Provisionsberatung erhält die Beraterin/der Berater von der Institution, von der die Geldanlage stammt, also einer Versicherungsgesellschaft oder einer Fondsgesellschaft, eine Provision.
Es gibt unterschiedliche Vergütungsmodelle, bei denen es um eine unterschiedliche Art der Kostenverteilung geht. Egal, welches Modell Sie wählen: Am wichtigsten sind nicht die Kosten, sondern ausschließlich die Qualität der Beratung.

Achtung, Halsabschneider!

Auf den ersten Blick sind sie schwer zu erkennen, denn sie sind perfekt getarnt. Sie haben tolle Räume, modernste technische Arbeitsmittel, sind in der Regel sehr gut ausgebildet, rhetorisch einwandfrei und eloquent.

Schon an den Universitäten sind sie präsent und »helfen« jungen Studierenden etwa in Persönlichkeitsseminaren oder zum Beispiel bei der Erstellung der Bewerbungsunterlagen. Selbstverständlich sind sie zur Stelle, wenn es geklappt hat mit dem ersten Job, und laden zu einem Beratungstermin ein. Und da fällt der Schleier, denn: Jetzt muss das hart verdiente Einstiegsgehalt gewinnbringend angelegt werden!

Gerade junge Akademiker und gut verdienende Selbstständige sind die ideale »Beute«. Denn wer will nicht das unbeliebte Thema Altersversorgung auf einen Schlag komplett unter Dach und Fach bringen?

Wer jetzt nicht aufpasst, hat seinen finanziellen Spielraum über die nächsten dreißig Jahre festgezurrt. Wenn aber das Leben plötzlich einen seiner berühmten und unvorhersehbaren Haken schlägt, kann diese progressive Anlagestrategie schnell platzen.

Schauen Sie hin, lassen Sie sich nicht von »umfassenden Vorsorgepaketen« einwickeln. Wählen Sie stattdessen nach und nach einzelne flexible Bausteine, die voneinander unabhängig sind. So bleiben auch Sie flexibel.

Liebe Leserinnen

Sie haben dieses Buch gelesen und wissen nun, wer in Zukunft für Sie sorgen wird:

SIE!

Und zwar ab heute!

Denn: Jung sein ist wunderbar, aber doch leider nur von begrenzter Dauer.

Wir finden: Älter werden kann genauso schön sein, vorausgesetzt, Sie haben frühzeitig die richtigen Entscheidungen getroffen. Nur dann können Sie in jeder Lebensphase genau das machen, was Sie möchten.

Die wichtigsten Punkte dazu haben wir noch einmal zusammengefasst:

- Nutzen Sie einen Dispokredit nur kurzfristig und vorübergehend. Es ist der teuerste Kredit überhaupt.
- Schaffen Sie sich ein Polster für Unvorhergesehenes und Notfälle auf einem Tagesgeldkonto.
- Sichern Sie sich ab mit den zwei wichtigsten Versicherungen gegen existenzbedrohende Risiken: Privathaftpflicht und Berufsunfähigkeitsversicherung.
- Planen Sie Ihren Vermögensaufbau sorgfältig. In diesem Buch finden Sie alles, was Sie dazu wissen müssen.

- Sparen Sie regelmäßig fünf, besser zehn Prozent Ihres Netto-einkommens.

- Machen Sie einen Dauer- oder Einzugsauftrag für Ihren monat-lichen Sparbetrag. Was nicht auf Ihrem Konto liegt, kann auch nicht ausgegeben werden.

- Nutzen Sie Gehaltserhöhungen für Ihre Vermögensbildung. Das trifft Sie nicht hart, denn Ihr Lebensstandard ist ja durch die Gehaltserhöhung nicht gestiegen.

- Fragen Sie in Ihrem Betrieb, ob es vermögenswirksame Leis-tungen gibt. Sie wissen ja – Kleinvieh kann viel Mist machen!

- Nehmen Sie unbedingt die staatliche Förderung in Anspruch – als Angestellte oder Beamtin über die Riester-Rente, als Selbstständige über die Rürup-Rente. Was Sie geschenkt bekommen, müssen Sie nicht selbst sparen.

- Legen Sie einen Teil Ihres Geldes langfristig an. Nur dann kön-nen Zins und Zinseszins für Sie arbeiten.

- Gehen Sie vernünftige Risiken ein. Sie wissen ja, wer nichts wagt, gewinnt auch nichts.

- Aber kaufen Sie nichts, was Sie nicht verstehen.

- Überprüfen Sie immer dann, wenn sich Ihre Lebenssituation verändert, ob Ihre Geldanlagen noch zu Ihren Zielen und Wün-schen passen.

- Verdrängen Sie das Problem der Altersabsicherung nicht, denn: Wer vor einem Problem davonläuft, dem läuft es hinterher.

- Sprechen Sie in Ihrer Partnerschaft über Geld! Regeln Sie ge-meinsam die finanziellen Dinge. Sorgen Sie vor für den Fall der Trennung/Scheidung und des Ablebens Ihres Partners/Ihrer Partnerin. Sie haben es gelesen: Verliebt, verlobt, versorgt gilt nicht mehr!

Und:

• Lassen Sie sich dazu unbedingt von unabhängigen Finanzex-
  pertinnen beraten. Der Dschungel der Anlagemöglichkeiten ist
  für Laien nicht mehr zu durchschauen.

Alles über die FinanzFachFrauen finden Sie ab S. 229.

Weitere wichtige Adressen:

www.künstlersozialkasse.de
www.deutsche-rentenversicherung-bund.de
www.abv.de
(Arbeitsgemeinschaft der Versorgungswerke)
www.beamten-informationen.de
www.care-concept.de
(Versicherungen für Auslandsaufenthalte)
www.geldundhaushalt.de
www.existenzgruender.de
www.foerderdatenbank.de

Anhang

Das ABC der Geldanlage:
So verstehen Sie das Fachchinesisch

ABGELTUNGSSTEUER
Auf alle Erträge aus Kapitalanlagen, ob Dividenden, Zinsen oder Kursgewinne, bekommt das Finanzamt 25 % (+ Soli und eventuell Kirchensteuer). Aber erst dann, wenn der Freibetrag von 801 Euro (bei Verheirateten 1602 Euro) überschritten ist.

AKTIEN
Wertpapiere, die einen Anteil am Kapital eines Unternehmens verbriefen. Aktionäre sind praktisch Miteigentümer mit allen Rechten wie Gewinnbeteiligung und Teilnahme an den Hauptversammlungen.

AKTIENFONDS
In einem Aktienfonds werden unterschiedlichste Aktien gebündelt und gemanagt. Dabei kann, je nach Ausrichtung, der Fokus auf unterschiedlichen Ländern, Regionen oder Branchen liegen.

Aktives Fondsmanagement

Hier entscheidet der Fondsmanager, wie viel Geld er in welche Werte investiert. Gegensatz: passives Fondsmanagement.

Anleihen

Auch Renten, Bonds oder festverzinsliche Wertpapiere genannt. Dazu gehören Unternehmensanleihen, Bundesschatzbriefe, Pfandbriefe, Schuldverschreibungen, Obligationen. Über diese Papiere leiht man einem Staat oder Unternehmen Geld. Dafür gibt es eine feste Verzinsung über einen bestimmten Zeitraum.

Arbeitnehmer-Sparzulage

Bei vermögenswirksamen Leistungen, die in einen Aktienfonds oder Bausparvertrag fließen, erhält man die Arbeitnehmer-Sparzulage vom Staat. Allerdings dürfen bestimmte Einkommensgrenzen dafür nicht überschritten werden.

Ausgabeaufschlag

Das ist die Gebühr, die bei vielen Fonds einmalig beim Kauf bezahlt werden muss. Seine Höhe richtet sich in der Regel nach der Art des Fonds.

Bausparvertrag

Spar- und Darlehensmodell, das für die Finanzierung von Immobilieneigentum genutzt wird. In der Ansparphase wird mit monatlichen oder einmaligen Beträgen Kapital gebildet, das je nach Vertrag 40 oder 50 % der Bausparsumme betragen muss. Ist die Wartezeit erfüllt, wird der Vertrag zugeteilt, das zinsgünstige Bauspardarlehen wird ausgezahlt. Das Darlehen darf nur »wohnwirtschaftlich« verwendet werden, also zum Erwerb, zur Renovierung oder zum Neubau einer Immobilie. Bausparen wird staatlich gefördert durch Arbeitnehmer-Sparzulage und Wohnungsbauprämie.

BEITRAGSSATZ
Arbeitnehmer und Arbeitgeber teilen sich den Beitrag zur gesetzlichen Rentenversicherung. Derzeit beträgt der Beitragssatz 19,9 % des Bruttolohns.

BERUFSUNFÄHIGKEITSVERSICHERUNG (BU)
Risikoversicherung, die eine monatliche Rente bezahlt, wenn jemand durch Krankheit oder Unfall nicht mehr im vorher ausgeübten Beruf arbeiten kann.

BLUE CHIPS
Auch Standardwerte genannt. So werden die Aktien großer, erstklassiger Unternehmen mit bester Bonität bezeichnet.

BONITÄT
Das ist die Zahlungsfähigkeit und Kreditwürdigkeit einer Privatperson, eines Unternehmens oder eines Landes.

DIVERSIFIKATION
Damit ist gemeint: »Setzen Sie nicht alles auf ein Pferd.« Eine Mischung unterschiedlicher Geldanlagen senkt das Risiko und erhöht die Chancen.

ENTGELTUMWANDLUNG
Seit 2002 haben alle Arbeitnehmer ein Recht auf Entgeltumwandlung. Das heißt, sie können verlangen, dass ein Teil

ihres Gehalts nicht ausgezahlt wird, sondern direkt in eine betriebliche Altersversorgung fließt.

ERWERBSJAHRE

Die durchschnittliche Zahl der Erwerbsjahre liegt derzeit für Männer bei 36, für Frauen nur bei 26 Jahren.

FONDS (INVESTMENTFONDS)

Professionell verwalteter »Topf« mit Anlegergeldern. Ermöglicht schon mit kleinen Beträgen eine weltweite Investition. Fonds gibt es mit Aktien, Rentenpapieren, Immobilien, Gold, Rohstoffen und mit einer Mischung einzelner Anlageklassen.

FREISTELLUNGSAUFTRAG

Bis zu einer bestimmten Grenze, dem Sparerpauschbetrag, darf ein Anleger Erträge aus Geldanlagen steuerfrei einnehmen. Die Grenze liegt für Ledige bei 801 Euro, für Verheiratete bei 1602 Euro. Um diesen Freibetrag nutzen zu können, muss der Bank ein Freistellungsauftrag erteilt werden.

GENERATIONENVERTRAG

Grundlage des gesetzlichen Rentensystems in Deutschland: Die Rentenbeiträge einer Generation werden nicht angelegt, sondern direkt an die derzeitigen Rentner ausgezahlt. Der Versicherte erwirbt einen rechtlichen Anspruch auf eine spätere Rente. Diese wird dann aus den Beiträgen der kommenden Generationen gezahlt.

Gesetzliche Rentenversicherung

Sie ist die Pflichtversicherung für alle Arbeitnehmer und gewährt eine lebenslange monatliche Rente.

Inflation

Das ist die Geldentwertung. Inflation bedeutet, dass man für denselben Betrag weniger kaufen kann. Waren und Dienstleistungen werden also teurer.

Investmentfonds (siehe Fonds)

Kapitaldeckungsverfahren

Das Geld, das Sie einzahlen, wird für Sie angelegt und später an Sie ausgezahlt, wie das zum Beispiel bei Lebensversicherungen der Fall ist. Gegensatz: Umlageverfahren.

Liquidität

Eine Geldanlage ist liquide, wenn Anleger ihr Geld jederzeit zurückbekommen können.

Magisches Dreieck

So nennt man das Spannungsfeld von Rendite, Liquidität und Risiko. Eine hohe Rendite bei geringem Risiko gibt es nicht. Eine sichere und jederzeit verfügbare Anlage kann keine überdurchschnittliche Rendite bringen.

Mischfonds

Diese Fondskategorie investiert in unterschiedliche Anlageformen, z. B. Aktien, festverzinsliche Wertpapiere, Rohstoffe etc.

Nachgelagerte Besteuerung

Die Beiträge für den Aufbau einer gesetzlichen, betrieblichen und privaten Altersvorsorge sind teilweise oder ganz steuerlich freigestellt und/oder bringen eine Steuerersparnis. Die Renten im Ruhestand müssen dann aber versteuert werden.

Offene Immobilienfonds

Über diese Fonds investieren Sie in unterschiedliche Immobilien.

Performance

Das ist die Veränderung des Wertes einer Geldanlage innerhalb eines bestimmten Zeitraums. Auch Wertentwicklung genannt. Sie kann positiv sein, wenn der Wert steigt, aber auch negativ, wenn der Wert sinkt.

Portfolio

Damit wird das gesamte Vermögen bezeichnet. Die Zusammensetzung des Vermögens, also wenn man in Aktien, Fonds oder Sparbriefe anlegt, nennt man Portfoliostruktur.

Private Rentenversicherung

Sie ist ein wichtiger Baustein für die Altersvorsorge. Ab einem vorher bestimmten Zeitpunkt erhält man eine lebenslange und steuerlich begünstigte Rente. Eine staatliche Förderung gibt es in der Ansparzeit nicht.

Publikumsfonds

Bei einem solchen Fonds kann jeder Anteile erwerben. Im Gegensatz dazu gibt es auch Spezialfonds. Diese können nur institutionelle Anleger wie z. B. Unternehmen, Kirchen, Stiftungen oder Pensionsfonds kaufen.

RENDITE
Die Rendite ist der tatsächliche Gesamtertrag einer Geldanlage in Bezug zu dem Betrag, den man investiert hat. Die dafür gezahlten Gebühren werden abgezogen.

RENTENFONDS
Das sind Fonds, die in festverzinsliche Wertpapiere investieren.

RENTENLÜCKE
Sie gibt an, wie viel Geld man zusätzlich zur gesetzlichen Rente braucht, um das verfügbare Einkommen zu erhalten, das man während des Berufslebens hatte.

RENTENPAPIERE
Eine andere Bezeichnung für festverzinsliche Wertpapiere wie Anleihen, Schuldverschreibungen, Pfandbriefe usw.

RIESTER-RENTE
Mit der Riester-Rente sorgen sozialversicherungspflichtige Beschäftigte zusätzlich zur gesetzlichen Rente privat fürs Alter vor. Sie wird staatlich gefördert in Form von Zulagen und Steuervorteilen.

RISIKOSTREUUNG
Um das Risiko beim Geldanlegen zu verringern, sollten Anleger ihr Vermögen auf mehrere unterschiedliche Geldanlagen verteilen. Dadurch »streuen«, also verteilen, sie das Risiko.

RÜCKKAUFSWERT

Das ist die Summe, die Sie erhalten, wenn Sie eine Versicherungspolice vorzeitig kündigen.

RÜRUP-RENTE

Sie wird auch Basisrente genannt und ist eine private Rentenversicherung, die vom Staat steuerlich gefördert wird. Sie richtet sich vor allem an Selbstständige und Freiberufler, die nicht gesetzlich rentenversichert sind.

SONDERVERMÖGEN

Das Geld, das Anleger in einem Fonds anlegen, zählt zum Sondervermögen der Fondsgesellschaft und wird von der Depotbank verwahrt. Dadurch unterliegt das Geld der Anleger nicht der Insolvenzmasse, falls die Fondsgesellschaft in eine Schieflage geraten sollte.

SPARERPAUSCHBETRAG

Erträge aus Geldanlagen wie z. B. Zinsen sind bis zu einer bestimmten Grenze steuerfrei. Diese Grenze ist der Sparerpauschbetrag. Er liegt bei 801 Euro für Alleinstehende und bei 1 602 Euro für verheiratete Paare.

TODESFALLABSICHERUNG

Damit sichern Sie in Risiko-Lebensversicherungen die Hinterbliebenen ab.

UMLAGEVERFAHREN

Die Beiträge zur gesetzlichen Rentenversicherung, die alle Angestellten zahlen müssen, werden nicht angelegt, sondern sofort »umgelegt«, das heißt an die derzeitigen Rentner ausbezahlt.

Unfallversicherung

Das ist eine Risikoversicherung, die im Falle eines Unfalls mit gravierenden gesundheitlichen Folgen entweder eine einmalige Summe oder eine lebenslange Rente zahlt. Möglich ist auch eine Kombination aus beidem.

Vermögenswirksame Leistungen (VL)

Viele Arbeitnehmer haben Anspruch auf VL vom Arbeitgeber. Dies ist meist im Tarifvertrag oder in der Betriebsvereinbarung geregelt. Sie dienen dazu, privates Vermögen zu bilden. Es gibt unterschiedliche Anlageprodukte, von denen ein Teil (Aktienfonds und Bausparvertrag) staatlich gefördert wird.

Versicherungspflicht-Grenze

Auch Jahresarbeitsentgelt-Grenze genannt. Sie bestimmt, ab welcher Höhe des jährlichen Bruttoarbeitsentgelts Arbeitnehmer nicht mehr in der gesetzlichen Krankenversicherung pflichtversichert sind.

Verwaltungsgebühr

Auch Managementgebühr genannt. Diese Gebühr wird einmal im Jahr direkt aus dem Fondsvermögen entnommen. Sie deckt insbesondere die Kosten der Fondsgesellschaft für Management und Verwaltung ab und ist in der Wertentwicklung bereits berücksichtigt.

Volatilität

Die Volatilität gibt an, wie sehr der Wert einer Geldanlage im Lauf der Zeit um einen Mittelwert schwankt. Je höher die Volatilität, umso stärker schlägt der Kurs nach oben oder unten aus und umso riskanter, aber auch chancenreicher ist eine Investition.

ZERTIFIKATE

Sie sind rechtlich Schuldverschreibungen, die aber keine feste Verzinsung haben. Ihre Wertentwicklung hängt vielmehr vom Erfolg oder Misserfolg eines Börsengeschäfts ab. Bei Insolvenz des Emittenten droht Totalverlust.

ZINS

Der Zins ist der Preis, den Anleger dafür bekommen, dass sie ihr Geld verleihen. Zinsen werden u. a. auf Tagesgeld, Festgeld, festverzinsliche Wertpapiere, Sparbriefe gezahlt.

ZINSESZINS

Das ist ein finanzmathematischer Begriff, der besagt, dass Erträge (nicht nur Zinsen, sondern auch Dividenden oder Kursgewinne) einer Geldanlage nicht entnommen werden, sondern dem Vermögen zugeschlagen werden. Damit erhöht sich das Vermögen und somit auch die Basis für weitere Zinszahlungen. Am lukrativsten ist der Zinseszins bei langen Laufzeiten.

Quellen

Allmendinger, Jutta, »Verschenkte Potenziale?«, Campus-Verlag, Frankfurt a. M. 2010

BRIGITTE-Studie »Frauen auf dem Sprung«, in Zusammenarbeit mit dem Wissenschaftszentrum Berlin für Sozialforschung (WZB, Berlin) und dem Institut für angewandte Sozialwissenschaft (infas, Bonn), 2009

Bürgerliches Gesetzbuch, dtv, München 2011

Härtel-Herrmann, Heide, »Flexibilität für die Rente«, Broschüre über die private Rentenversicherung, über: Frauenfinanzdienst Köln, 2010

Härtel-Herrmann, Heide, »Reif für die Rente«, Broschüre über die Rürup-Rente, über: Frauenfinanzdienst Köln, 2008

Informationen zu Existenzgründung aus www.existenzgruender.de des Bundesministeriums für Wirtschaft und Technologie

Informationen zu Riester-Rente, Wohn-Riester und Rürup-Rente aus www.bundesfinanzministerium.de

Klein, Michael W., »Eheverträge«, dtv, München 2008

MetallRente-Studie »Jugend, Vorsorge, Finanzen – Herausforderung oder Überforderung«, Prof. Dr. Hurrelmann, Gesamtmetall und IG Metall, 2010

Mika, Bascha, »Die Feigheit der Frauen«, Bertelsmann Verlag, München 2011

»Neue Wege – gleiche Chancen, Gleichstellung von Frauen und Männern im Lebensverlauf«, Gutachten der Sachverständigenkommission an das Bundesministerium für Familie, Senioren, Frauen und Jugend für den ersten Gleichstellungsbericht der Bundesregierung, 2011

Sick, Helma, »Wenn ich einmal reich wär«, Diana Verlag, München 2007

Sick, Helma, »Schöne Aussichten – Keine Angst vorm Alter!«, Diana Verlag, München 2010

Stiftung Warentest/Finanztest »Private Altersvorsorge«, Stiftung Warentest, Berlin 2010

Stiftung Warentest/Finanztest »Altersvorsorge für Selbständige«, Stiftung Warentest, Berlin 2010

Studie »Gemeinsam leben, getrennt wirtschaften? Grenzen der Individualisierung in Paarbeziehungen«, u. a. Wissenschaftszentrum Berlin für Sozialforschung (WZB, Berlin), 2009

Wachtendorf, Egon, »Die 222 wichtigsten Fragen zu Investmentfonds«, FinanzBuch Verlag, München 2005

Ausgewertet haben wir Artikel und Texte von:

»Das Investment«, »Finanztest«, »Frankfurter Allgemeine Zeitung« und »FAZ am Sonntag«, »Handelsblatt«, »Süddeutsche Zeitung«, »Die ZEIT«.

Fachliche Beratung

Bei juristischen Fragen und Texten:
Roswitha Wolff, München, Fachanwältin für Familienrecht

Zu Fragen und Texten über die gesetzliche Rente:
Renate Thiemann, Deutsche Rentenversicherung Bund, Berlin

Zur Schuldensituation junger Leute:
Gudrun Bünte, Leiterin der Schuldnerberatung der Arbeiterwohlfahrt München

Wir danken

Susanne Mersmann, Textchefin, und Barbara Voigt, Redakteurin bei *BRIGITTE*, sehr herzlich für tatkräftige Hilfe und guten Rat.

Unseren Kolleginnen in der Arbeitsgemeinschaft »Finanz-FachFrauen – bundesweit seit 1988« für viele Anregungen und lebhafte Diskussion.

Roswitha Wolff, Fachanwältin für Familienrecht, München, die es großartig versteht, schwierige juristische Sachverhalte allgemein verständlich darzustellen.

Renate Thiemann, Deutsche Rentenversicherung Bund, für ihre Unterstützung in der schwierigen Materie der gesetzlichen Rentenversicherung.

Den engagierten Mitarbeiterinnen von »frau & geld Helma Sick, unabhängige Finanzberatung GmbH & Co KG« in München: Yvonne Brückner, Gerda Lehnert und Helga Roth, besonders aber Mechtild Fuchs und Micaela Schmuck, für Recherche und wichtige Anregungen.

Unserer Lektorin Theresa Stöhr, die sich wieder in bewährter Weise mit unserem Manuskript auseinandergesetzt hat.

FinanzFachFrauen – bundesweit seit 1988
eine starke Verbindung von Frauen für Frauen

Wir FinanzFachFrauen sind ein bundesweiter Zusammenschluss von Finanz- und Versicherungsexpertinnen. Unter uns finden Sie Spezialistinnen für Versicherungen, Kapitalanlagen, Finanzierungen und Immobilien. Jede von uns ist in ihrer Arbeit wirtschaftlich unabhängig von Banken, Versicherungs- und Kapitalanlagegesellschaften.

Unsere Ausbildung, unsere Berufserfahrung und unser frauenpolitisches Engagement haben uns zusammengeführt. Wir sind die ersten Frauen in Deutschland, die ein Beratungskonzept für Frauen entwickelt haben.

Über unsere Beratungstätigkeit hinaus vertreten wir die Interessen von Frauen in wichtigen Gremien.

Wir veranstalten Tagungen und Kongresse, halten Fachvorträge, leiten Seminare und Workshops, schreiben Artikel und sind Autorinnen erfolgreicher Bücher. Wir initiieren Investmentklubs und werden von allen Medien als kompetente Gesprächspartnerinnen geschätzt, wenn es um das Thema »Frauen und Geld« geht.

Frauen können rechnen – mit uns!

Und hier finden Sie die Adressen der
FinanzFachFrauen – bundesweit seit 1988

BERLIN
Anne Wulf
Bianca Kindler
das finanzkontor GmbH & Co. KG
Kulmbacher Str. 15 – 10777 Berlin
und
Anklamer Str. 38 – 10115 Berlin
Telefon: 0 30 – 21 47 47 90
Telefax: 0 30 – 21 47 47 92
E-Mail: info@dasfinanzkontor.de
Internet: www.dasfinanzkontor.de

BERLIN
Gerda Plate
Versicherungsmaklerin
Sigmaringer Str. 1 – 10713 Berlin
Telefon: 0 30 – 88 66 76 86
Telefax: 0 30 – 88 66 76 85
E-Mail: mail@gerda-plate.de
Internet: www.gerda-plate.de

BONN
Dr. Mechthild Upgang
Dr. Upgang AG
Kaiserstr. 139 – 141 – 53113 Bonn
Telefon: 02 28 – 91 52 40
Telefax: 02 28 – 91 52 429
E-Mail: info@upgang.de
Internet: www.upgang.de

BREMEN
Kornelia Rendigs
Vermögen und Zukunft
Schlachte 21 – 28195 Bremen
Telefon: 04 21 – 40 89 94 40
Telefax: 04 21 – 40 89 94 49
E-Mail: info@vermoegenundzukunft.de
Internet: www.vermoegenundzukunft.de

DRESDEN
Cornelia Trentzsch
Fairsicherungsbüro
An der Pikardie 2 – 01277 Dresden
Telefon: 03 51 – 2 51 23 79
Telefax: 03 51 – 2 51 24 07
E-Mail: info@fairsicherung-dresden.de
Internet: www.fairsicherung-dresden.de

FRANKFURT/MAIN
Elke Scholz-Krause
Am Hauptbahnhof 12 – 60329 Frankfurt/Main
Telefon: 0 69 – 57 80 20 02
Telefax: 0 69 – 57 80 20 03
E-Mail: esk.cityfinanz@t-online.de
Internet: www.esk-cityfinanz.de

GÖTTINGEN
Regina Weihrauch
Fairsicherungsbüro GmbH
Angerstr. 2a – 37073 Göttingen
Telefon: 05 51 – 56 37 3
Telefax: 05 51 – 48 63 68
E-Mail: info@fairgoe.de
Internet: www.fairgoe.de

HAMBURG
Kris Hauf
Private Vermögensbetreuung
Rödingsmarkt 14 – 20459 Hamburg
Telefon: 0 40 – 47 28 05
Telefax: 0 40 – 46 07 02 92
E-Mail: info@hauf-invest.de
Internet: www.hauf-invest.de

HANNOVER
Christiane Göpf
Finanzberatung für Frauen
Vahrenwalder Str. 269a – 30179 Hannover
Telefon: 05 11 – 9 66 67 46
Telefax: 05 11 – 9 66 67 01
E-Mail: mail@frau-investiert.de
Internet: www.frau-investiert.de

HILDESHEIM
Ursula Oelbe
Versicherungs- und Finanzmaklerin
Bernwardstr. 28 – 31134 Hildesheim
Telefon: 0 51 21 – 51 29 95
Telefax: 0 51 21 – 51 29 97
E-Mail: info@ursula-oelbe.de
Internet: www.ursula-oelbe.de

KÖLN
Dr. Mechthild Upgang
Dr. Upgang AG
Hohenzollernring 85-87 – 50672 Köln
Telefon: 02 21 – 2 32 69 56
Telefax: 02 21 – 2 32 69 57
E-Mail: info@upgang.de
Internet: www.upgang.de

LÜNEBURG
Christiane Göpf
Finanzberatung für Frauen
Im Wendischen Dorfe 3a – 21335 Lüneburg
Telefon: 0 41 31 – 8 84 23 36
Telefax: 0 41 31 – 8 84 23 37
E-Mail: mail@frau-investiert.de
Internet: www.frau-investiert.de

MÜNCHEN
Helma Sick
Renate Fritz
frau & geld Helma Sick, Unabhängige Finanzberatung
und Vermittlung GmbH & Co. KG
Mariannenplatz 4 – 80538 München
Telefon: 0 89 – 28 72 96 30
Telefax: 0 89 – 2 80 24 55
E-Mail: helma.sick@frau-und-geld.com
Internet: www.frau-und-geld.com

NÜRNBERG
Birgit Willberger
Lady Invest-Beratungs GmbH
Bürocenter Maxtorhof
Pirckheimer Str. 68 – 90408 Nürnberg
Telefon: 09 11 – 35 27 15
Telefax: 09 11 – 35 27 35
E-Mail: info@ladyinvest.de
Internet: www.ladyinvest.de

STUTTGART
Barbara Rojahn
Finanzberatung für Frauen
Schoderstr. 10 – 70192 Stuttgart
Telefon: 07 11 – 2 55 59 60
Telefax: 07 11 – 2 55 59 61
E-Mail: info@frauenfinanzberatung.de
Internet: www.frauenfinanzberatung.de

Weitere Adressen von unabhängigen Fachfrauen
erfahren Sie über den

Bundesverband unabhängiger
Finanzdienstleisterinnen e.V. (BuF)
Kaiserstr. 139 – 141 – 53113 Bonn
Telefon: 02 28 – 2 42 66 45
Telefax: 02 28 – 2 42 66 46
E-Mail: info@finanzexpertinnen.de
Internet: www.finanzexpertinnen.de

Lösungen

Und hier sind die richtigen Antworten zu

»Was schätzen Sie?«, Seite 9

1 = 340 Euro,
2 = nie,
3 = 2 200 Euro,
4 = über 40 %,
5 = 237 Euro,
6 = 50 Euro

Register

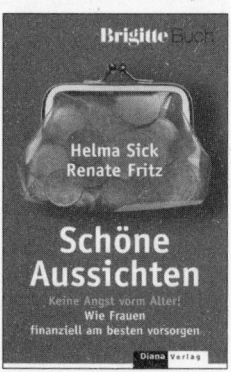